PRÉFACE

La collection de guides de conversation "Tout ira bien!", publié par T&P Books, est conçue pour les gens qui voyagent par affaire ou par plaisir. Les guides de conversations contiennent le plus important - l'essentiel pour la communication de base. Il s'agit d'une série indispensable de phrases pour survivre à l'étranger.

Ce guide de conversation vous aidera dans la plupart des cas où vous devez demander quelque chose, trouver une direction, découvrir le prix d'un souvenir, etc. Il peut aussi résoudre des situations de communication difficile lorsque la gesticulation n'aide pas.

Le livre contient beaucoup de phrases qui ont été groupées par thèmes. Vous trouverez aussi un vocabulaire des 3000 mots les plus couramment utilisés. Une autre section du guide contient un glossaire gastronomique qui peut être utile lorsque vous faites le marché ou commandez des plats au restaurant.

Emmenez avec vous un guide de conversation "Tout ira bien!" sur la route et vous aurez un compagnon de voyage irremplaçable qui vous aidera à vous sortir de toutes les situations et vous enseignera à ne pas avoir peur de parler aux étrangers.

TABLE DES MATIÈRES

Prononciation	5
Liste des abréviations	7
Guide de conversation Français-Néerlandais	9
Vocabulaire thématique	73
Glossaire gastronomique	195

T&P Books Publishing

T&P Books Publishing

GUIDE DE CONVERSATION NÉERLANDAIS

Par Andrey Taranov

LES PHRASES LES PLUS UTILES

Ce guide de conversation contient les phrases et les questions les plus communes et nécessaires pour communiquer avec des étrangers

T&P BOOKS

Guide de conversation + dictionnaire de 3000 mots

Guide de conversation Français-Néerlandais et vocabulaire thématique de 3000 mots

Par Andrey Taranov

La collection de guides de conversation "Tout ira bien!", publiée par T&P Books, est conçue pour les gens qui voyagent par affaire ou par plaisir. Les guides contiennent l'essentiel pour la communication de base. Il s'agit d'une série indispensable de phrases pour "survivre" à l'étranger.

Ce livre inclut un dictionnaire thématique qui contient près de 3000 des mots les plus fréquemment utilisés. Une autre section du guide contient un glossaire gastronomique qui peut être utile lorsque vous faites le marché ou commandez des plats au restaurant.

T&P Books Publishing
www.tpbooks.com

ISBN: 978-1-78492-565-9

Ce livre existe également en format électronique.
Pour plus d'informations, veuillez consulter notre site: www.tpbooks.com
ou rendez-vous sur ceux des grandes librairies en ligne.

PRONONCIATION

[a]	plasje	classe
[ā]	kraag	camarade
[o], [ɔ]	zondag	normal
[o]	geografie	normal
[ō]	oorlog	tableau
[e]	nemen	équipe
[ē]	wreed	aller
[ɛ]	ketterij	faire
[ɛ:]	crème	hacker
[ə]	tachtig	record
[i]	alpinist	stylo
[ī]	referee	industrie
[Y]	stadhuis	Portugal
[œ]	druif	neuf
[ø]	treurig	peu profond
[u]	schroef	boulevard
[ʉ]	zuchten	voyou
[ū]	minuut	sucre
[b]	oktober	bureau
[d]	diepte	document
[f]	fierheid	formule
[g]	golfclub	gris
[h]	horizon	[h] aspiré
[j]	jaar	maillot
[k]	klooster	bocal
[l]	politiek	vélo
[m]	melodie	minéral
[n]	netwerk	ananas
[p]	peper	panama
[r]	rechter	racine, rouge
[ɛ]	smaak	syndicat
[t]	telefoon	tennis
[v]	vijftien	rivière
[w]	waaier	iguane

Alphabet phonétique T&P	Exemple en néerlandais	Exemple en français
[z]	zacht	gazeuse
[ʤ]	manager	adjoint
[ʃ]	architect	chariot
[ŋ]	behang	parking
[ʧ]	beertje	match
[ʒ]	bougie	jeunesse
[x]	acht, gaan	jota

LISTE DES ABRÉVIATIONS

Abréviations en français

adj	-	adjective
adv	-	adverbe
anim.	-	animé
conj	-	conjonction
dénombr.	-	dénombrable
etc.	-	et cetera
f	-	nom féminin
f pl	-	féminin pluriel
fam.	-	familiar
fem.	-	féminin
form.	-	formal
inanim.	-	inanimé
indénombr.	-	indénombrable
m	-	nom masculin
m pl	-	masculin pluriel
m, f	-	masculin, féminin
masc.	-	masculin
math	-	mathematics
mil.	-	militaire
pl	-	pluriel
prep	-	préposition
pron	-	pronom
qch	-	quelque chose
qn	-	quelqu'un
sing.	-	singulier
v aux	-	verbe auxiliaire
v imp	-	verbe impersonnel
vi	-	verbe intransitif
vi, vt	-	verbe intransitif, transitif
vp	-	verbe pronominal
vt	-	verbe transitif

Abréviations en néerlandais

mv.	-	pluriel

Les articles en néerlandais

de	-	genre commun
de/het	-	neutre, genre commun
het	-	neutre

T&P BOOKS

GUIDE DE CONVERSATION NÉERLANDAIS

Cette section contient
des phrases importantes
qui peuvent être utiles dans
des situations courantes.
Le guide vous aidera
à demander des directions,
clarifier le prix, acheter
des billets et commander
des plats au restaurant

T&P Books Publishing

CONTENU DU GUIDE DE CONVERSATION

Les essentiels	12
Questions	15
Besoins	16
Comment demander la direction	18
Affiches, Pancartes	20
Transport - Phrases générales	22
Acheter un billet	24
L'autobus	26
Train	28
Sur le train - Dialogue (Pas de billet)	29
Taxi	30
Hôtel	32
Restaurant	35
Shopping. Faire les Magasins	37
En ville	39
L'argent	41

Le temps   43

Salutations - Introductions   45

Les adieux   47

Une langue étrangère   49

Les excuses   50

Les accords   51

Refus, exprimer le doute   52

Exprimer la gratitude   54

Félicitations. Vœux de fête   55

Socialiser   56

Partager des impressions. Émotions   59

Problèmes. Accidents   61

Problèmes de santé   64

À la pharmacie   67

Les essentiels   69

T&P Books Publishing

Excusez-moi, ...	**Pardon, ...** [par'dɔn, ...]
Bonjour	**Hallo.** [halɔ]
Merci	**Bedankt.** [bə'dankt]
Au revoir	**Tot ziens.** [tɔt zins]
Oui	**Ja.** [ja]
Non	**Nee.** [nē]
Je ne sais pas.	**Ik weet het niet.** [ik wēt ət nit]
Où? | Où? | Quand?	**Waar? | Waarheen? | Wanneer?** [wãr? | wãr'hēn? | wa'nēr?]

J'ai besoin de ...	**Ik heb ... nodig** [ik hɛp ... 'nɔdəx]
Je veux ...	**Ik wil ...** [ik wil ...]
Avez-vous ... ?	**Hebt u ...?** [hɛpt ju ...?]
Est-ce qu'il y a ... ici?	**Is hier een ...?** [is hir en ...?]
Puis-je ... ?	**Mag ik ...?** [max ik ...?]
s'il vous plaît (pour une demande)	**... alstublieft** [... alstʉ'blift]

Je cherche ...	**Ik zoek ...** [ik zuk ...]
les toilettes	**toilet** [twa'lɛt]
un distributeur	**geldautomaat** [xɛlt·autɔ'mãt]
une pharmacie	**apotheek** [apɔ'tēk]
l'hôpital	**ziekenhuis** [zikənhœys]
le commissariat de police	**politiebureau** [pɔ\'litsi bʉ\'rɔ]
une station de métro	**metro** ['metrɔ]

un taxi	**taxi** [taksi]
la gare	**station** [sta'tsjɔn]

Je m'appelle ...	**Ik heet ...** [ik hēt ...]
Comment vous appelez-vous?	**Hoe heet u?** [hu hēt ju?]
Aidez-moi, s'il vous plaît.	**Kunt u me helpen alstublieft?** [kʉnt ju mə 'hɛlpən alstʉ'blift?]
J'ai un problème.	**Ik heb een probleem.** [ik hɛp en prɔ'blēm]
Je ne me sens pas bien.	**Ik voel me niet goed.** [ik vul mə nit xut]
Appelez une ambulance!	**Bel een ambulance!** [bɛl en ambʉ'lansə!]
Puis-je faire un appel?	**Mag ik opbellen?** [max ik ɔ'bɛlən?]

Excusez-moi.	**Sorry.** ['sɔri]
Je vous en prie.	**Graag gedaan.** [xrãx xə'dãn]

je, moi	**Ik, mij** [ik, mɛj]
tu, toi	**jij** [jɛj]
il	**hij** [hɛj]
elle	**zij** [zɛj]
ils	**zij** [zɛj]
elles	**zij** [zɛj]
nous	**wij** [wɛj]
vous	**jullie** ['juli]
Vous	**u** [ju]

ENTRÉE	**INGANG** [inxaŋ]
SORTIE	**UITGANG** [œytxaŋ]
HORS SERVICE | EN PANNE	**BUITEN GEBRUIK** [bœytən xə'brœyk]
FERMÉ	**GESLOTEN** [xə'slɔtən]

OUVERT	**OPEN** ['ɔpən]
POUR LES FEMMES	**DAMES** [daməs]
POUR LES HOMMES	**HEREN** ['herən]

Questions

Où? (lieu)	**Waar?** [wãr?]
Où? (direction)	**Waarheen?** [wãr'hēn?]
D'où?	**Vanwaar?** [van'wãr?]
Pourquoi?	**Waar?** [wãr?]
Pour quelle raison?	**Waarom?** [wã'rɔm?]
Quand?	**Wanneer?** [wa'nēr?]

Combien de temps?	**Hoe lang?** [hu laŋ?]
À quelle heure?	**Hoe laat?** [hu lãt?]
C'est combien?	**Hoeveel?** [huvēl?]
Avez-vous ... ?	**Hebt u ...?** [hɛpt ju ...?]
Où est ..., s'il vous plaît?	**Waar is ...?** [wãr is ...?]

Quelle heure est-il?	**Hoe laat is het?** [hu lãt is ət?]
Puis-je faire un appel?	**Mag ik opbellen?** [max ik ɔ'bɛlən?]
Qui est là?	**Wie is daar?** [wi is dãr?]
Puis-je fumer ici?	**Mag ik hier roken?** [max ik hir 'rɔkən?]
Puis-je ...?	**Mag ik ...?** [max ik ...?]

Besoins

Je voudrais ...	**Ik zou graag ...** [ik 'zau xrāx ...]
Je ne veux pas ...	**Ik wil niet ...** [ik wil nit ...]
J'ai soif.	**Ik heb dorst.** [ik hɛp dɔrst]
Je veux dormir.	**Ik wil gaan slapen.** [ik wil xān 'slapən]

Je veux ...	**Ik wil ...** [ik wil ...]
me laver	**wassen** [wasən]
brosser mes dents	**mijn tanden poetsen** [mɛjn 'tandən 'putsən]
me reposer un instant	**even rusten** [evən 'rʉstən]
changer de vêtements	**me omkleden** [mə 'ɔmkledən]

retourner à l'hôtel	**teruggaan naar het hotel** [te'rʉxxān nār hɛt hɔ'tɛl]
acheter ...	**... kopen** [... 'kɔpən]
aller à ...	**gaan naar ...** [xān nār ...]
visiter ...	**bezoeken ...** [bə'zukən ...]
rencontrer ...	**ontmoeten ...** [ɔnt'mutən ...]
faire un appel	**opbellen** [ɔ'bɛlən]

Je suis fatigué /fatiguée/	**Ik ben moe.** [ik bɛn mu]
Nous sommes fatigués /fatiguées/	**We zijn moe.** [we zɛjn mu]
J'ai froid.	**Ik heb het koud.** [ik hɛp ət 'kaut]
J'ai chaud.	**Ik heb het warm.** [ik hɛp ət warm]
Je suis bien.	**Ik ben okay.** [ik bɛn ɔ'kɛj]

Il me faut faire un appel.

Ik moet opbellen.
[ik mut ɔ'bɛlən]

J'ai besoin d'aller aux toilettes.

Ik moet naar het toilet.
[ik mut nār ət twa'lɛt]

Il faut que j'aille.

Ik moet weg.
[ik mut wɛx]

Je dois partir maintenant.

Ik moet nu weg.
[ik mut nʉ wɛx]

Comment demander la direction

Excusez-moi, ...

Pardon, ...
[par'dɔn, ...]

Où est ..., s'il vous plaît?

Waar is ...?
[wār is ...?]

Dans quelle direction est ... ?

Welke richting is ...?
['wɛlkə 'rixtiŋ is ...?]

Pouvez-vous m'aider, s'il vous plaît ?

Kunt u me helpen alstublieft?
[kʉnt ju mə 'hɛlpən alstʉ'blift?]

Je cherche ...

Ik zoek ...
[ik zuk ...]

La sortie, s'il vous plaît?

Waar is de uitgang?
[wār is də 'œytxaŋ?]

Je vais à ...

Ik ga naar ...
[ik xa nār ...]

C'est la bonne direction pour ...?

Is dit de weg naar ...?
[is dit də wɛx nār ...?]

C'est loin?

Is het ver?
[iz ət vɛr?]

Est-ce que je peux y aller à pied?

Kan ik er lopend naar toe?
[kan ik ɛr 'lɔpənt nār tu?]

Pouvez-vous me le montrer sur la carte?

Kunt u het op de plattegrond aanwijzen?
[kʉnt ju ət ɔp də platə'xrɔnt 'ānwɛjzən?]

Montrez-moi où sommes-nous, s'il vous plaît.

Kunt u me aanwijzen waar we nu zijn?
[kʉnt ju mə 'ānwɛjzən wār wə nʉ zɛjn]

Ici

Hier
[hir]

Là-bas

Daar
[dār]

Par ici

Deze kant uit
[dezə kant 'œyt]

Tournez à droite.

Rechtsaf.
[rɛxts'af]

Tournez à gauche.

Linksaf.
[linksaf]

Prenez la première (deuxième, troisième) rue.

eerste (tweede, derde) bocht
[ērstə ('twēdə, 'dɛrdə) bɔxt]

à droite	**rechtsaf** [rɛxts'af]
à gauche	**linksaf** [linksaf]
Continuez tout droit.	**Ga rechtuit.** [xa 'rɛxtœyt]

Affiches, Pancartes

BIENVENUE!	**WELKOM!** ['wɛlkɔm!]
ENTRÉE	**INGANG** [inxaŋ]
SORTIE	**UITGANG** [œytxaŋ]

POUSSEZ	**DRUK** [drʉk]
TIREZ	**TREK** [trɛk]
OUVERT	**OPEN** ['ɔpən]
FERMÉ	**GESLOTEN** [xə'slɔtən]

POUR LES FEMMES	**DAMES** [daməs]
POUR LES HOMMES	**HEREN** ['herən]
MESSIEURS (m)	**HEREN (m)** ['herən]
FEMMES (f)	**DAMES (v)** [daməs]

RABAIS | SOLDES	**KORTINGEN** ['kɔrtiŋən]
PROMOTION	**UITVERKOOP** [œyt'vɛrkõp]
GRATUIT	**GRATIS** [xratis]
NOUVEAU!	**NIEUW!** [niu!]
ATTENTION!	**PAS OP!** [pas ɔp!]

COMPLET	**ALLE KAMERS BEZET** [ale 'kamərs bə'zɛt]
RÉSERVÉ	**GERESERVEERD** [xərezɛr'vẽrt]
ADMINISTRATION	**ADMINISTRATIE** [administ'ratsi]
PERSONNEL SEULEMENT	**UITSLUITEND PERSONEEL** [œytslœytənt pɛrsɔ'nēl]

ATTENTION AU CHIEN!

PAS OP VOOR DE HOND!
[pas ɔp võr də hɔnt!]

NE PAS FUMER!

VERBODEN TE ROKEN!
[vər'bɔdən tə 'rɔkən!]

NE PAS TOUCHER!

NIET AANRAKEN!
[nit 'ãnrakən!]

DANGEREUX

GEVAARLIJK
[xe'vãrlək]

DANGER

GEVAAR
[xe'vãr]

HAUTE TENSION

HOOGSPANNING
[hõxs'paniŋ]

BAIGNADE INTERDITE!

VERBODEN TE ZWEMMEN
[vər'bɔdən tə 'zwemən]

HORS SERVICE | EN PANNE

BUITEN GEBRUIK
[bœʏtən xə'brœʏk]

INFLAMMABLE

ONTVLAMBAAR
[ɔnt'flambãr]

INTERDIT

VERBODEN
[vər'bɔdən]

ENTRÉE INTERDITE!

VERBODEN TOEGANG
[vər'bɔdən 'tuxaŋ]

PEINTURE FRAÎCHE

NATTE VERF
[natə vɛrf]

FERMÉ POUR TRAVAUX

GESLOTEN WEGENS VERBOUWING
[xə'slɔtən 'wexəns vər'bauwiŋ]

TRAVAUX EN COURS

WERK IN UITVOERING
[wɛrk in œʏt'vuriŋ]

DÉVIATION

OMWEG
['ɔmwɛx]

Transport - Phrases générales

avion	**vliegtuig** [vlixtœɣx]
train	**trein** [trɛjn]
bus, autobus	**bus** [bʉs]
ferry	**veerpont** [vērpɔnt]
taxi	**taxi** [taksi]
voiture	**auto** [autɔ]

horaire	**dienstregeling** [dinst·'rexəliŋ]
Où puis-je voir l'horaire?	**Waar is de dienstregeling?** [wār is də dinst·'rexəliŋ?]
jours ouvrables	**werkdagen** [wɛrk'daxən]
jours non ouvrables	**weekends** [wīkɛnts]
jours fériés	**vakanties** [va'kantsis]

DÉPART	**VERTREK** [vər'trɛk]
ARRIVÉE	**AANKOMST** [ānkɔmst]
RETARDÉE	**VERTRAAGD** [vərt'rãxt]
ANNULÉE	**GEANNULEERD** [xəanʉ'lērt]

prochain (train, etc.)	**volgende** ['vɔlxəndə]
premier	**eerste** [ērstə]
dernier	**laatste** [lātstə]

À quelle heure est le prochain ...?	**Hoe laat gaat de volgende ...?** [hu lāt xāt də 'vɔlxəndə ...?]
À quelle heure est le premier ...?	**Hoe laat gaat de eerste ...?** [hu lāt xāt də 'ērstə ...?]

À quelle heure est le dernier ...?

correspondance

prendre la correspondance

Dois-je prendre la correspondance?

Hoe laat gaat de laatste ...?
[hu lāt xāt də 'lātstə ...?]

aansluiting
[ānslœʏtiŋ]

overstappen
[ɔvər'stapən]

Moet ik overstappen?
[mut ik ɔvər'stapən?]

Acheter un billet

Où puis-je acheter des billets?	**Waar kan ik kaartjes kopen?** [wār kan ik 'kārtjəs 'kɔpən?]
billet	**kaartje** [kārtjə]
acheter un billet	**een kaartje kopen** [ən 'kārtjə 'kɔpən]
le prix d'un billet	**prijs van een kaartje** [prɛjs van ən 'kārtjə]

Pour aller où?	**Waarheen?** [wār'hēn?]
Quelle destination?	**Naar welk station?** [nār wɛlk sta'tsjɔn?]
Je voudrais ...	**Ik heb ... nodig** [ik hɛp ... 'nodəx]
un billet	**een kaartje** [ən 'kārtjə]
deux billets	**twee kaartjes** [twē 'kārtjəs]
trois billets	**drie kaartjes** [dri 'kārtjəs]

aller simple	**enkel** ['ɛnkəl]
aller-retour	**retour** [re'tu:r]
première classe	**eerste klas** [ērstə klas]
classe économique	**tweede klas** [twēdə klas]

aujourd'hui	**vandaag** [van'dāx]
demain	**morgen** ['mɔrxən]
après-demain	**overmorgen** [ɔvər'mɔrxən]
dans la matinée	**s morgens** [s 'mɔrxəns]
l'après-midi	**s middags** [s 'midaxs]
dans la soirée	**s avonds** [s 'avɔnts]

siège côté couloir	**zitplaats aan het gangpad** [zitplāts ān ət 'xaŋpat]
siège côté fenêtre	**zitplaats bij het raam** [zitplāts bɛj ət rām]
C'est combien?	**Hoeveel?** [huvēl?]
Puis-je payer avec la carte?	**Kan ik met een creditcard betalen?** [kan ik mɛt en 'kredit·kart bə'talən?]

L'autobus

bus, autobus
bus
[bʉs]

autocar
intercity bus
[inter'siti bʉs]

---

arrêt d'autobus
bushalte
[bʉs'haltə]

Où est l'arrêt d'autobus le plus proche?
Waar is de meest nabij gelegen bushalte?
[wār is də mēst na'bɛj xə'lexən bʉs'haltə?]

---

numéro
nummer
[nʉmər]

Quel bus dois-je prendre pour aller à ...?
Met welke bus kan ik naar ... gaan?
[mɛt 'wɛlkə bʉs kan ik nār ... xān?]

Est-ce que ce bus va à ...?
Gaat deze bus naar ...?
[xāt 'dezə bʉs nār ...?]

L'autobus passe tous les combien?
Hoe dikwijls rijden de bussen?
[hu 'dikwəls 'rɛjdən də 'bʉsən?]

---

chaque quart d'heure
om het kwartier
[ɔm ət kwar'tir]

chaque demi-heure
om het half uur
[ɔm ət half ūr]

chaque heure
om het uur
[ɔm ət ūr]

plusieurs fois par jour
verschillende keren per dag
[vər'sxiləndə 'kerən pər dax]

... fois par jour
... keer per dag
[... kēr pər dax]

---

horaire
dienstregeling
[dinst·'rexəliŋ]

Où puis-je voir l'horaire?
Waar is de dienstregeling?
[wār is də dinst·'rexəliŋ?]

À quelle heure passe le prochain bus?
Hoe laat vertrekt de volgende bus?
[hu lāt vər'trɛkt də 'vɔlxəndə bʉs?]

À quelle heure passe le premier bus?
Hoe laat vertrekt de eerste bus?
[hu lāt vər'trɛkt də 'ērstə bʉs?]

À quelle heure passe le dernier bus?
Hoe laat vertrekt de laatste bus?
[hu lāt vər'trɛkt də 'lātstə bʉs?]

arrêt
halte
[haltə]

prochain arrêt
volgende halte
[vɔlxəndə 'haltə]

terminus
eindstation
[ɛjnt sta'tsjɔn]

Pouvez-vous arrêter ici, s'il vous plaît.
Hier stoppen alstublieft.
[hir 'stɔpən alstʉ'blift]

Excusez-moi, c'est mon arrêt.
Pardon, dit is mijn halte.
[par'dɔn, dit is mɛjn 'haltə]

Train

train	**trein** [trɛjn]
train de banlieue	**pendeltrein** ['pendəl trɛjn]
train de grande ligne	**langeafstandstrein** [laŋe·'afstants·trɛjn]
la gare	**station** [sta'tsjɔn]
Excusez-moi, où est la sortie vers les quais?	**Pardon, waar is de toegang tot het perron?** [par'dɔn, wãr is də 'tuxaŋ tɔt ət pɛ'rɔn?]

Est-ce que ce train va à ...?	**Gaat deze trein naar ...?** [xãt 'dezə trɛjn nãr ...?]
le prochain train	**volgende trein** ['vɔlxəndə trɛjn]
À quelle heure est le prochain train?	**Hoe laat gaat de volgende trein?** [hu lãt xãt də 'vɔlxəndə trɛjn?]
Où puis-je voir l'horaire?	**Waar is de dienstregeling?** [wãr is də dinst·'rexəliŋ?]
De quel quai?	**Van welk perron?** [van wɛlk pɛ'rɔn?]
À quelle heure arrive le train à ...?	**Wanneer komt de trein aan in ...?** [wa'nẽr kɔmt də trɛjn ãn in ...?]

Pouvez-vous m'aider, s'il vous plaît?	**Kunt u me helpen alstublieft?** [kʊnt ju mə 'hɛlpən alstʉ'blift?]
Je cherche ma place.	**Ik zoek mijn zitplaats.** [ik zuk mɛjn 'zitplãts]
Nous cherchons nos places.	**Wij zoeken onze zitplaatsen.** [wɛj 'zukən 'ɔnzə 'zitplãtsen]
Ma place est occupée.	**Mijn zitplaats is bezet.** [mɛjn 'zitplãts is bə'zɛt]
Nos places sont occupées.	**Onze zitplaatsen zijn bezet.** [ɔnzə 'zitplãtsen zɛjn bə'zɛt]

Excusez-moi, mais c'est ma place.	**Sorry, maar dit is mijn zitplaats.** [sɔri, mãr dit is mɛjn 'zitplãts]
Est-ce que cette place est libre?	**Is deze zitplaats bezet?** [is 'dezə 'zitplãts bə'zɛt?]
Puis-je m'asseoir ici?	**Mag ik hier zitten?** [max ik hir 'zitən?]

Sur le train - Dialogue (Pas de billet)

Votre billet, s'il vous plaît.	**Uw kaartje alstublieft.**
	[ʉw 'kārtjə alstʉ'blift]
Je n'ai pas de billet.	**Ik heb geen kaartje.**
	[ik hɛp xēn 'kārtjə]
J'ai perdu mon billet.	**Ik heb mijn kaartje verloren.**
	[ik hɛp mɛjn 'kārtjə vər'lɔrən]
J'ai oublié mon billet à la maison.	**Ik heb mijn kaartje thuis vergeten.**
	[ik hɛp mɛjn 'kārtjə thœys vər'xetən]

Vous pouvez m'acheter un billet.	**U kunt een kaartje van mij kopen.**
	[ju kʉnt ən 'kārtjə van mɛj 'kɔpən]
Vous devrez aussi payer une amende.	**U moet ook een boete betalen.**
	[ju mut ōk ən 'butə bə'talən]
D'accord.	**Okay.**
	[ɔ'kɛj]
Où allez-vous?	**Waar gaat u naartoe?**
	[wār xāt ju nārtu?]
Je vais à ...	**Ik ga naar ...**
	[ik xa nār ...]

Combien? Je ne comprend pas.	**Hoeveel kost het? Ik versta het niet.**
	[huvēl kɔst ət? ik vərs'ta ət nit]
Pouvez-vous l'écrire, s'il vous plaît.	**Schrijf het neer alstublieft.**
	[sxrɛjf ət nēr alstʉ'blift]
D'accord. Puis-je payer avec la carte?	**Okay. Kan ik met een creditcard betalen?**
	[ɔ'kɛj. kan ik mɛt ən 'kredit·kart bə'talən?]
Oui, bien sûr.	**Ja, dat kan.**
	[ja, dat kan]

Voici votre reçu.	**Hier is uw ontvangstbewijs.**
	[hir is ʉw ɔnt'faŋst·bə'wɛjs]
Désolé pour l'amende.	**Sorry voor de boete.**
	[sɔri vōr də 'butə]
Ça va. C'est de ma faute.	**Maakt niet uit. Het is mijn schuld.**
	[mākt nit œyt hɛt is mɛjn sxʉlt]
Bon voyage.	**Prettige reis.**
	['prɛtixə rɛjs]

Taxi

taxi	**taxi** [taksi]
chauffeur de taxi	**taxi chauffeur** [taksi ʃɔ'før]
prendre un taxi	**een taxi nemen** [en 'taksi 'nemən]
arrêt de taxi	**taxistandplaats** [taksi·'stantplāts]
Où puis-je trouver un taxi?	**Waar kan ik een taxi nemen?** [wār kan ik en 'taksi 'nemən?]
appeler un taxi	**een taxi bellen** [en 'taksi 'bɛlən]
Il me faut un taxi.	**Ik heb een taxi nodig.** [ik hɛp en 'taksi 'nodəx]
maintenant	**Nu onmiddellijk.** [nʉ ɔn'midələk]
Quelle est votre adresse?	**Wat is uw adres?** [wat is ʉw ad'rɛs?]
Mon adresse est ...	**Mijn adres is ...** [mɛjn ad'rɛs is ...]
Votre destination?	**Uw bestemming?** [ʉw bəs'tɛmiŋ?]
Excusez-moi, ...	**Pardon, ...** [par'dɔn, ...]
Vous êtes libre ?	**Bent u vrij?** [bɛnt ju vrɛj?]
Combien ça coûte pour aller à ...?	**Hoeveel kost het naar ...?** [huvēl kɔst ət nār ...?]
Vous savez où ça se trouve?	**Weet u waar dit is?** [wēt ju wār dit is?]
À l'aéroport, s'il vous plaît.	**Luchthaven alstublieft.** [lʉxt'havən alstʉ'blift]
Arrêtez ici, s'il vous plaît.	**Hier stoppen alstublieft.** [hir 'stɔpən alstʉ'blift]
Ce n'est pas ici.	**Het is niet hier.** [hɛt is nit hir]
C'est la mauvaise adresse.	**Dit is het verkeerde adres.** [dit is ət vər'kērdə ad'rɛs]

tournez à gauche

Linksaf.
[linksaf]

tournez à droite

Rechtsaf.
[rɛxts'af]

Combien je vous dois?

Hoeveel ben ik u schuldig?
[huvēl bɛn ik ju 'sxʉldəx?]

J'aimerais avoir un reçu, s'il vous plaît.

Kan ik een bon krijgen alstublieft.
[kan ik en bɔn 'krɛjxən alstʉ'blift]

Gardez la monnaie.

Hou het kleingeld maar.
[hau ət 'klɛjnxɛlt mār]

Attendez-moi, s'il vous plaît …

Wil u even op mij wachten?
[wil ju 'evən ɔp mɛj 'waxtən?]

cinq minutes

vijf minuten
[vɛjf mi'nʉtən]

dix minutes

tien minuten
[tin mi'nʉtən]

quinze minutes

vijftien minuten
[vɛjftin mi'nʉtən]

vingt minutes

twintig minuten
[twintəx mi'nʉtən]

une demi-heure

een half uur
[en half ūr]

Hôtel

Bonjour.
Hallo.
[halɔ]

Je m'appelle …
Ik heet …
[ik hēt …]

J'ai réservé une chambre.
Ik heb gereserveerd.
[ik hɛp xərezɛr'vērt]

Je voudrais …
Ik heb … nodig
[ik hɛp … 'nɔdəx]

une chambre simple
een enkele kamer
[en 'ɛnkelə 'kamər]

une chambre double
een tweepersoons kamer
[en twē·pɛr'sōns 'kamər]

C'est combien?
Hoeveel kost dat?
[huvēl kɔst dat?]

C'est un peu cher.
Dat is nogal duur.
[dat is 'nɔxal dūr]

Avez-vous autre chose?
Zijn er geen andere mogelijkheden?
[zɛjn ɛr xēn 'anderə 'mɔxələkhedən?]

Je vais la prendre.
Die neem ik.
[di nēm ik]

Je vais payer comptant.
Ik betaal contant.
[ik bə'tāl kɔn'tant]

J'ai un problème.
Ik heb een probleem.
[ik hɛp en prɔ'blēm]

Mon … est cassé /Ma … est cassée/
Mijn … is stuk.
[mɛjn … is stʉk]

Mon /Ma/ … ne fonctionne pas.
Mijn … doet het niet meer.
[mɛjn … dut ət nit mēr]

télé
TV
[te've]

air conditionné
airco
['ɛrkɔ]

robinet
kraan
[krān]

---

douche
douche
[duʃ]

évier
lavabo
[lava'bɔ]

coffre-fort
brandkast
[brantkast]

serrure de porte	**deurslot** ['dørslɔt]
prise électrique	**stopcontact** [stɔp kɔn'takt]
sèche-cheveux	**haardroger** [hār·drɔxər]

Je n'ai pas …	**Ik heb geen …** [ik hɛp xēn …]
d'eau	**water** [watər]
de lumière	**licht** [lixt]
d'électricité	**stroom** [strōm]

Pouvez-vous me donner …?	**Kunt u mij een … bezorgen?** [kʉnt ju mɛj en … bə'zɔrxən?]
une serviette	**een handdoek** [en 'handuk]
une couverture	**een deken** [en 'dekən]
des pantoufles	**pantoffels** [pan'tɔfəls]
une robe de chambre	**een badjas** [en badjas]
du shampoing	**shampoo** [ʃʌmpõ]
du savon	**zeep** [zēp]

Je voudrais changer ma chambre.	**Ik wil van kamer veranderen.** [ik wil van 'kamər və'randerən]
Je ne trouve pas ma clé.	**Ik kan mijn sleutel niet vinden.** [ik kan mɛjn 'sløtel nit 'vindən]
Pourriez-vous ouvrir ma chambre, s'il vous plaît?	**Kunt u mijn kamer openen alstublieft?** [kʉnt ju mɛjn 'kamər 'ɔpenən alstʉ'blift?]
Qui est là?	**Wie is daar?** [wi is dār?]
Entrez!	**Kom binnen!** [kɔm 'binən!]
Une minute!	**Een ogenblikje!** [en 'ɔxənblikje!]
Pas maintenant, s'il vous plaît.	**Niet op dit moment alstublieft.** [nit ɔp dit mɔ'mɛnt alstʉ'blift]

Pouvez-vous venir à ma chambre, s'il vous plaît	**Kom naar mijn kamer alstublieft.** [kɔm nār mɛjn 'kamər alstʉ'blift]
J'aimerais avoir le service d'étage.	**Kan ik room service krijgen.** [kan ik rōm 'sø:rvis 'krɛjxən]
Mon numéro de chambre est le …	**Mijn kamernummer is …** [mɛjn 'kamər·'nʉmer is …]

Je pars ...

Ik vertrek ...
[ik vər'trɛk ...]

Nous partons ...

Wij vertrekken ...
[wɛj vər'trɛkən ...]

maintenant

nu onmiddellijk
[nʉ ɔn'midələk]

cet après-midi

vanmiddag
[van'midax]

ce soir

vanavond
[va'navɔnt]

demain

morgen
['mɔrxən]

demain matin

morgenochtend
['mɔrxən 'ɔxtənt]

demain après-midi

morgenavond
[mɔrxən 'avɔnt]

après-demain

overmorgen
[ɔvər'mɔrxən]

Je voudrais régler mon compte.

Ik zou willen afrekenen.
[ik 'zau 'wilən 'afrekənən]

Tout était merveilleux.

Alles was uitstekend.
[aləs was œʏts'tekənt]

Où puis-je trouver un taxi?

Waar kan ik een taxi nemen?
[wãr kan ik ən 'taksi 'nemən?]

Pourriez-vous m'appeler un taxi,
s'il vous plaît?

Wil u alstublieft een taxi bestellen?
[wil ju alstʉ'blift ən 'taksi bəs'tɛlən?]

Restaurant

Puis-je voir le menu, s'il vous plaît?	**Kan ik het menu zien alstublieft?** [kan ik ət me'nʉ zin alstʉ'blift?]
Une table pour une personne.	**Een tafel voor één persoon.** [en 'tafəl võr en pɛr'sõn]
Nous sommes deux (trois, quatre).	**We zijn met z'n tweeën (drieën, vieren).** [we zɛjn mɛt zən 'twēɛn ('driɛn, 'virən)]

Fumeurs	**Roken** ['rɔkən]
Non-fumeurs	**Niet roken** [nit 'rɔkən]
S'il vous plaît!	**Hallo! Pardon!** [halɔ! par'dɔn!]
menu	**menu** [me'nʉ]
carte des vins	**wijnkaart** [wɛjnkãrt]
Le menu, s'il vous plaît.	**Het menu alstublieft.** [hɛt me'nʉ alstʉ'blift]

Êtes-vous prêts à commander?	**Bent u zover om te bestellen?** [bɛnt ju 'zɔvər ɔm tə bəs'tɛlən?]
Qu'allez-vous prendre?	**Wat wenst u?** [wat wɛnst ju?]
Je vais prendre …	**Voor mij …** [võr mɛj …]

Je suis végétarien.	**Ik ben vegetariër.** [ik bɛn vexə'tarijər]
viande	**vlees** [vlõɛ]
poisson	**vis** [vis]
légumes	**groente** ['xruntə]
Avez-vous des plats végétariens?	**Hebt u vegetarische gerechten?** [hɛpt ju vexə'tarisə xə'rɛxtən?]
Je ne mange pas de porc.	**Ik eet niet varkensvlees.** [ik ēt nit 'varkənsvlēs]
Il /elle/ ne mange pas de viande.	**Hij /zij/ eet geen vlees.** [hɛj /zɛj/ ēt xēn vlēs]

Je suis allergique à ...

Ik ben allergisch voor ...
[ik bɛn a'lerxis vōr ...]

Pourriez-vous m'apporter ...,
s'il vous plaît.

Wil u mij ... brengen
[wil ju mɛj ... b'rɛŋən]

le sel | le poivre | du sucre

zout | peper | suiker
[zaut | 'pepər | 'sœʏkər]

un café | un thé | un dessert

koffie | thee | dessert
[kɔfi | tē | dɛ'sɛːr]

de l'eau | gazeuse | plate

water | met prik | gewoon
[watər | mɛt prik | xə'wõn]

une cuillère | une fourchette | un couteau

een lepel | vork | mes
[en 'lepəl | vɔrk | mɛs]

une assiette | une serviette

een bord | servet
[en bɔrt | sɛr'vɛt]

Bon appétit!

Smakelijk!
[smakələk!]

Un de plus, s'il vous plaît.

Nog een alstublieft.
[nɔx en alstu'blift]

C'était délicieux.

Het was heerlijk.
[hɛt was 'hērlək]

---

l'addition | de la monnaie | le pourboire

rekening | wisselgeld | fooi
[rekəniŋ | 'wisəl·xɛlt | fōj]

L'addition, s'il vous plaît.

De rekening alstublieft.
[də 'rekəniŋ alstu'blift]

Puis-je payer avec la carte?

Kan ik met een creditcard betalen?
[kan ik mɛt en 'kredit·kart bə'talən?]

Excusez-moi, je crois qu'il y a une
erreur ici.

Sorry, hier is een fout.
[sɔri, hir iz en 'faut]

Shopping. Faire les Magasins

Est-ce que je peux vous aider? | **Waarmee kan ik u van dienst zijn?**
[wār'mē kan ik ju van dinst zɛjn?]

Avez-vous ... ? | **Hebt u ...?**
[hɛpt ju ...?]

Je cherche ... | **Ik zoek ...**
[ik zuk ...]

Il me faut ... | **Ik heb ... nodig**
[ik hɛp ... 'nɔdəx]

Je regarde seulement, merci. | **Ik kijk even.**
[ik kɛjk 'evən]

Nous regardons seulement, merci. | **Wij kijken even.**
[wɛj 'kɛjkən 'evən]

Je reviendrai plus tard. | **Ik kom wat later terug.**
[ik kɔm wat 'latər te'rux]

On reviendra plus tard. | **We komen later terug.**
[we 'kɔmən 'latər te'rux]

Rabais | Soldes | **korting | uitverkoop**
[kɔrtiŋ | 'œʏtverkōp]

Montrez-moi, s'il vous plaît ... | **Kunt u mij ... laten zien alstublieft?**
[kʉnt ju mɛj ... 'latən zin alstʉ'blift?]

Donnez-moi, s'il vous plaît ... | **Kunt u mij ... geven alstublieft?**
[kʉnt ju mɛj ... 'xevən alstʉ'blift?]

Est-ce que je peux l'essayer? | **Kan ik dit passen?**
[kan ik dit 'pasən?]

Excusez-moi, où est la cabine d'essayage? | **Pardon, waar is de paskamer?**
[par'dɔn, wār is də 'pas·kamər?]

Quelle couleur aimeriez-vous? | **Welke kleur wenst u?**
['wɛlkə 'klør wɛnst ju?]

taille | longueur | **maat | lengte**
[māt | 'leŋtə]

Est-ce que la taille convient ? | **Past het?**
[past ət?]

Combien ça coûte? | **Hoeveel kost het?**
[huvēl kɔst ət?]

C'est trop cher. | **Dat is te duur.**
[dat is tə dūr]

Je vais le prendre. | **Ik neem het.**
[ik nēm ət]

Excusez-moi, où est la caisse? | **Pardon, waar moet ik betalen?**
[par'dɔn, wār mut ik bə'talən?]

Payerez-vous comptant ou par carte de crédit?

Betaalt u contant of met een creditcard?
[be'tālt ju kɔn'tant ɔf mɛt en 'kredit·kart?]

Comptant | par carte de crédit

contant | met een creditcard
[kɔn'tant | mɛt en 'kredit·kart]

Voulez-vous un reçu?

Wil u een kwitantie?
[wil ju en kwi'tantsi?]

Oui, s'il vous plaît.

Ja graag.
[ja xrāx]

Non, ce n'est pas nécessaire.

Nee, hoeft niet.
[nē, huft nit]

Merci. Bonne journée!

Bedankt. Een fijne dag verder!
[be'dankt. en 'fɛjne dax 'vɛrder!]

En ville

Excusez-moi, ...	**Pardon, ...** [par'dɔn, ...]
Je cherche ...	**Ik ben op zoek naar ...** [ik bɛn ɔp zuk nār ...]

le métro	**de metro** [də 'metrɔ]
mon hôtel	**mijn hotel** [mɛjn hɔ'tɛl]
le cinéma	**de bioscoop** [də biɔ'skōp]
un arrêt de taxi	**een taxistandplaats** [en 'taksi·'stantplāts]

un distributeur	**een geldautomaat** [en xɛlt·autɔ'māt]
un bureau de change	**een wisselagent** [en 'wisəl·a'xɛnt]
un café internet	**een internet café** [en 'intərnɛt ka'fe]

la rue ...	**... straat** [... strāt]
cette place-ci	**dit adres** [dit ad'rɛs]

Savez-vous où se trouve ...?	**Weet u waar ... is?** [wēt ju wār ... is?]
Quelle est cette rue?	**Welke straat is dit?** [wɛlkə strāt is dit?]
Montrez-moi où sommes-nous, s'il vous plaît.	**Kunt u me aanwijzen waar we nu zijn?** [kʉnt ju mə 'ānwɛjzən wār wə nʉ zɛjn]

Est-ce que je peux y aller à pied?	**Kan ik er lopend naar toe?** [kan ik ɛr 'lɔpənt nār tu?]
Avez-vous une carte de la ville?	**Hebt u een plattegrond van de stad?** [hɛpt ju en platə'xrɔnt van də stat?]

C'est combien pour un ticket?	**Hoeveel kost de toegang?** [huvēl kɔst də 'tuxaŋ?]
Est-ce que je peux faire des photos?	**Kan ik hier foto's maken?** [kan ik hir 'fotɔs 'makən?]
Êtes-vous ouvert?	**Bent u open?** [bɛnt ju 'ɔpən?]

À quelle heure ouvrez-vous?

Hoe laat gaat u open?
[hu lāt xāt ju 'ɔpǝn?]

À quelle heure fermez-vous?

Hoe laat sluit u?
[hu lāt slœyt ju?]

L'argent

argent	**geld** [xɛlt]
argent liquide	**contant** [kɔn'tant]
des billets	**bankbiljetten** [bank·bi'ljetən]
petite monnaie	**kleingeld** [klɛjn·xɛlt]
l'addition | de la monnaie | le pourboire	**rekening | wisselgeld | fooi** [rekəniŋ | 'wisəl·xɛlt | fōj]

carte de crédit	**creditcard** [kredit·kart]
portefeuille	**portemonnee** [pɔrtəmɔ'nē]
acheter	**kopen** ['kɔpən]
payer	**betalen** [bə'talən]
amende	**boete** ['butə]
gratuit	**gratis** [xratis]

Où puis-je acheter ... ?	**Waar kan ik ... kopen?** [wār kan ik ... 'kɔpən?]
Est-ce que la banque est ouverte en ce moment?	**Is de bank nu open?** [is də bank nʉ 'ɔpən?]
À quelle heure ouvre-t-elle?	**Hoe laat gaat hij open?** [hu lāt xāt hɛj 'ɔpən?]
À quelle heure ferme-t-elle?	**Hoe laat sluit hij?** [hu lāt slœyt hɛj?]

C'est combien?	**Hoeveel?** [huvēl?]
Combien ça coûte?	**Hoeveel kost dit?** [huvēl kɔst dit?]
C'est trop cher.	**Dat is te duur.** [dat is tə dūr]

Excusez-moi, où est la caisse?	**Pardon, waar moet ik betalen?** [par'dɔn, wār mut ik bə'talən?]
L'addition, s'il vous plaît.	**De rekening alstublieft.** [də 'rekəniŋ alstʉ'blift]

Puis-je payer avec la carte? | **Kan ik met een creditcard betalen?**
[kan ik mɛt en 'kredit·kart bə'talən?]

Est-ce qu'il y a un distributeur ici? | **Is hier een geldautomaat?**
[is hir en xɛlt·autɔ'māt?]

Je cherche un distributeur. | **Ik zoek een geldautomaat.**
[ik zuk en xɛlt·autɔ'māt]

Je cherche un bureau de change. | **Ik zoek een wisselagent.**
[ik zuk en 'wisəl a'xɛnt]

Je voudrais changer ... | **Ik zou ... willen wisselen.**
[ik 'zau ... 'wilən 'wisələn]

Quel est le taux de change? | **Wat is de wisselkoers?**
[wat is də 'wisəl·kurs?]

Avez-vous besoin de mon passeport? | **Hebt u mijn paspoort nodig?**
[hɛpt ju mɛjn 'paspōrt 'nɔdəx?]

Le temps

Quelle heure est-il?	**Hoe laat is het?** [hu lāt is ət?]
Quand?	**Wanneer?** [wa'nēr?]
À quelle heure?	**Hoe laat?** [hu lāt?]
maintenant | plus tard | après ...	**nu | later | na ...** [nʉ | 'latər | na ...]

une heure	**een uur** [en ūr]
une heure et quart	**kwart over een** [kwart 'ɔvər en]
une heure et demie	**half twee** [half twē]
deux heures moins quart	**kwart voor twee** [kwart vōr twē]

un | deux | trois	**een | twee | drie** [en | twē | dri]
quatre | cinq | six	**vier | vijf | zes** [vir | vɛjf | zɛs]
sept | huit | neuf	**zeven | acht | negen** [zevən | axt | 'nexən]
dix | onze | douze	**tien | elf | twaalf** [tin | ɛlf | twālf]

dans ...	**binnen ...** ['binən ...]
cinq minutes	**vijf minuten** [vɛjf mi'nʉtən]
dix minutes	**tien minuten** [tin mi'nʉtən]
quinze minutes	**vijftien minuten** [vɛjftin mi'nʉtən]
vingt minutes	**twintig minuten** [twintəx mi'nʉtən]

une demi-heure	**een half uur** [en half ūr]
une heure	**ccn uur** [en ūr]

dans la matinée	**s ochtends** [s 'ɔxtənts]
tôt le matin	**s ochtends vroeg** [s 'ɔxtənts vrux]
ce matin	**vanmorgen** [van'mɔrxən]
demain matin	**morgenochtend** ['mɔrxən 'ɔxtənt]
à midi	**in het midden van de dag** [in ət 'midən van də dax]
dans l'après-midi	**s middags** [s 'midaxs]
dans la soirée	**s avonds** [s 'avɔnts]
ce soir	**vanavond** [va'navɔnt]
la nuit	**s avonds** [s 'avɔnts]
hier	**gisteren** ['xistərən]
aujourd'hui	**vandaag** [van'dāx]
demain	**morgen** ['mɔrxən]
après-demain	**overmorgen** [ɔvər'mɔrxən]
Quel jour sommes-nous aujourd'hui?	**Wat is het vandaag?** [wat is ət van'dāx?]
Nous sommes ...	**Het is ...** [hɛt is ...]
lundi	**maandag** [māndax]
mardi	**dinsdag** [dinzdax]
mercredi	**woensdag** [wunzdax]
jeudi	**donderdag** [dondərdax]
vendredi	**vrijdag** [vrɛjdax]
samedi	**zaterdag** [zatərdax]
dimanche	**zondag** [zɔndax]

Salutations - Introductions

Bonjour.   **Hallo.**
[halɔ]

Enchanté /Enchantée/   **Aangenaam.**
[ānxənām]

Moi aussi.   **Insgelijks.**
['insxeləks]

Je voudrais vous présenter ...   **Mag ik u voorstellen aan ...**
[max ik ju 'vōrstɛlən ān ...]

Ravi /Ravie/ de vous rencontrer.   **Aangenaam.**
[ānxənām]

Comment allez-vous?   **Hoe gaat het met u?**
[hu xāt ət mɛt ju?]

Je m'appelle ...   **Ik heet ...**
[ik hēt ...]

Il s'appelle ...   **Dit is ...**
[dit is ...]

Elle s'appelle ...   **Dit is ...**
[dit is ...]

Comment vous appelez-vous?   **Hoe heet u?**
[hu hēt ju?]

Quel est son nom?   **Hoe heet hij?**
[hu hēt hɛj?]

Quel est son nom?   **Hoe heet zij?**
[hu hēt zɛj?]

Quel est votre nom de famille?   **Wat is uw achternaam?**
[wat is ʉw 'axtər·nām?]

Vous pouvez m'appeler ...   **Noem mij maar ...**
[num mɛj mār ...]

D'où êtes-vous?   **Vanwaar komt u?**
[van'wār kɔmt ju?]

Je suis de ...   **Ik kom van ...**
[Ik kɔm van ...]

Qu'est-ce que vous faites dans la vie?   **Wat is uw beroep?**
[wat is ʉw bə'rup?]

Qui est-ce?   **Wie is dit?**
[wi is dit?]

Qui est-il?   **Wie is hij?**
[wi is hɛj?]

Qui est-elle?   **Wie is zij?**
[wi is zɛj?]

Qui sont-ils?   **Wie zijn zij?**
[wi zɛjn zɛj?]

C'est ...	**Dit is ...** [dit is ...]
mon ami	**mijn vriend** [mɛjn vrint]
mon amie	**mijn vriendin** [mɛjn vrin'din]
mon mari	**mijn man** [mɛjn man]
ma femme	**mijn vrouw** [mɛjn 'vrau]

mon père	**mijn vader** [mɛjn 'vadər]
ma mère	**mijn moeder** [mɛjn 'mudər]
mon frère	**mijn broer** [mɛjn brur]
ma sœur	**mijn zuster** [mɛjn 'zʉstər]
mon fils	**mijn zoon** [mɛjn zõn]
ma fille	**mijn dochter** [mɛjn 'dɔxtər]

C'est notre fils.	**Dit is onze zoon.** [dit is 'ɔnzə zõn]
C'est notre fille.	**Dit is onze dochter.** [dit is 'ɔnzə 'dɔxtər]
Ce sont mes enfants.	**Dit zijn mijn kinderen.** [dit zɛjn 'mɛjn 'kindərən]
Ce sont nos enfants.	**Dit zijn onze kinderen.** [dit zɛjn 'ɔnzə 'kindərən]

Les adieux

Au revoir!	**Tot ziens!** [tɔt zins!]
Salut!	**Doei!** [dui!]
À demain.	**Tot morgen.** [tɔt 'mɔrxən]
À bientôt.	**Tot binnenkort.** [tɔt binə'kɔrt]
On se revoit à sept heures.	**Tot om zeven uur.** [tɔt ɔm 'zevən ür]
Amusez-vous bien!	**Veel plezier!** [vēl plə'zīr!]
On se voit plus tard.	**Tot straks.** [tɔt straks]
Bonne fin de semaine.	**Prettig weekend.** [prɛtəx 'wīkɛnt]
Bonne nuit.	**Goede nacht.** [xudə naxt]
Il est l'heure que je parte.	**ik moet opstappen.** [ik mut 'ɔpstapən]
Je dois m'en aller.	**Ik moet weg.** [ik mut wɛx]
Je reviens tout de suite.	**ik ben zo terug.** [ik bɛn zɔ te'rʉx]
Il est tard.	**Het is al laat.** [hɛt is al lāt]
Je dois me lever tôt.	**Ik moet vroeg op.** [ik mut vrux ɔp]
Je pars demain.	**Ik vertrek morgen.** [ik vər'trɛk 'mɔrxən]
Nous partons demain.	**Wij vertrekken morgen.** [wɛj vər'trɛkən 'mɔrxən]
Bon voyage!	**Prettige reis!** ['prɛtixə rɛjs!]
Enchanté de faire votre connaissance.	**Het was fijn u te leren kennen.** [hɛt was fɛjn ju tə 'lerən 'kɛnən]
Heureux /Heureuse/ d'avoir parlé avec vous.	**Het was een prettig gesprek.** [hɛt was en 'prɛtəx xe'sprɛk]
Merci pour tout.	**Dank u wel voor alles.** [dank ju wɛl vōr 'aləs]

Je me suis vraiment amusé /amusée/   **ik heb ervan genoten.**
[ik hɛp ɛr'van xe'nɔtən]

Nous nous sommes vraiment
amusés /amusées/   **Wij hebben ervan genoten.**
[wɛj 'hɛbən ɛr'van xə'nɔtən]

C'était vraiment plaisant.   **Het was bijzonder leuk.**
[hɛt was bi'zɔndər 'løk]

Vous allez me manquer.   **Ik ga je missen.**
[ik xa je 'misən]

Vous allez nous manquer.   **Wij gaan je missen.**
[wɛj xān je 'misən]

Bonne chance!   **Veel succes!**
[vēl sʉk'sɛs!]

Mes salutations à ...   **De groeten aan ...**
[də 'xrutən ān ...]

Une langue étrangère

Je ne comprends pas. **Ik versta het niet.**
[ik vər'sta ət nit]

Écrivez-le, s'il vous plaît. **Schrijf het neer alstublieft.**
[sxrɛjf ət něr alstu'blift]

Parlez-vous ...? **Spreekt u ...?**
[sprěkt ju ...?]

Je parle un peu ... **Ik spreek een beetje ...**
[ik sprěk en 'bětjə ...]

anglais **Engels**
['ɛŋəls]

turc **Turks**
[turks]

arabe **Arabisch**
[a'rabis]

français **Frans**
[frans]

allemand **Duits**
[dœyts]

italien **Italiaans**
[itali'ǎns]

espagnol **Spaans**
[spǎns]

portugais **Portugees**
[pɔrtu'xěs]

chinois **Chinees**
[ʃi'něs]

japonais **Japans**
[ja'pans]

Pouvez-vous le répéter, s'il vous plaît. **Kunt u dat herhalen alstublieft.**
[kunt ju dat hɛr'halən alstu'blift]

Je comprends. **Ik versta het.**
[ik vər'sta ət]

Je ne comprends pas. **Ik versta het niet.**
[ik vər'sta ət nit]

Parlez plus lentement, s'il vous plaît. **Spreek wat langzamer alstublieft.**
[sprěk wat 'laŋzamər alstu'blift]

Est-ce que c'est correct? **Is dat juist?**
[is dat jœyst?]

Qu'est-ce que c'est? **Wat is dit?**
[wat is dit?]

Les excuses

Excusez-moi, s'il vous plaît.	**Excuseer me alstublieft.** [εkskʉ'zēr mə alstʉ'blift]
Je suis désolé /désolée/	**Sorry.** ['sɔri]
Je suis vraiment /désolée/	**Het spijt me.** [hεt spεjt mə]
Désolé /Désolée/, c'est ma faute.	**Sorry, het is mijn schuld.** [sɔri, hεt is mεjn sxʉlt]
Au temps pour moi.	**Mijn schuld.** [mεjn sxʉlt]

Puis-je ... ?	**Mag ik ...?** [max ik ...?]
Ça vous dérange si je ...?	**Is het goed dat ...?** [iz ət xut dat ...?]
Ce n'est pas grave.	**Het is okay.** [hεt is ɔ'kεj]
Ça va.	**Maakt niet uit.** [mākt nit œʏt]
Ne vous inquiétez pas.	**Maak je geen zorgen.** [māk jə xēn 'zɔrxən]

Les accords

Oui	**Ja.** [ja]
Oui, bien sûr.	**Ja zeker.** [ja 'zekər]
Bien.	**Goed!** [xut!]
Très bien.	**Uitstekend.** [œʏt'stekənt]
Bien sûr!	**Zeker weten!** ['zekər 'wetən!]
Je suis d'accord.	**Ik ga akkoord.** [ik xa a'kŏrt]
C'est correct.	**Precies.** [prə'sis]
C'est exact.	**Juist.** [jœʏst]
Vous avez raison.	**Je hebt gelijk.** [je hɛpt xə'lɛjk]
Je ne suis pas contre.	**Ik doe het graag.** [ik du ət xrãx]
Tout à fait correct.	**Dat is juist.** [dat is jœʏst]
C'est possible.	**Dat is mogelijk.** [dat is 'mɔxələk]
C'est une bonne idée.	**Dat is een goed idee.** [dat is en xut i'dē]
Je ne peux pas dire non.	**Ik kan niet nee zeggen.** [ik kan nit nē 'zɛxən]
J'en serai ravi /ravie/	**Met genoegen.** [mɛt xə'nuxən]
Avec plaisir.	**Graag.** [xrãx]

Refus, exprimer le doute

Non	**Nee.** [nē]
Absolument pas.	**Beslist niet.** [bəs'list nit]
Je ne suis pas d'accord.	**Daar ben ik het niet mee eens.** [dār bɛn ik ət nit mē ēns]
Je ne le crois pas.	**Dat geloof ik niet.** [dat xe'lōf ik nit]
Ce n'est pas vrai.	**Dat is niet waar.** [dat is nit wār]

Vous avez tort.	**U maakt een fout.** [ju mākt en 'faut]
Je pense que vous avez tort.	**Ik denk dat u een fout maakt.** [ik dɛnk dat ju en 'faut mākt]
Je ne suis pas sûr /sûre/	**Ik weet het niet zeker.** [ik wēt ət nit 'zekər]

C'est impossible.	**Het is onmogelijk.** [hɛt is ɔn'mɔxələk]
Pas du tout!	**Beslist niet!** [bəs'list nit!]

Au contraire!	**Precies het tegenovergestelde!** [prə'sis hɛt 'texən·'ɔvərxəstɛldə!]
Je suis contre.	**Ik ben er tegen.** [ik bɛn ɛr 'texən]

Ça m'est égal.	**Ik geef er niet om.** [ik xēf ɛr nit ɔm]
Je n'ai aucune idée.	**Ik heb geen idee.** [ik hɛp xēn i'dē]
Je doute que cela soit ainsi.	**Dat betwijfel ik.** [dat bet'wɛjfəl ik]

Désolé /Désolée/, je ne peux pas.	**Sorry, ik kan niet.** [sɔri, ik kan nit]
Désolé /Désolée/, je ne veux pas.	**Sorry, ik wil niet.** ['sɔri, ik wil nit]

Merci, mais ça ne m'intéresse pas.	**Dank u, maar ik heb dit niet nodig.** [dank ju, mār ik hɛp dit nit 'nɔdəx]
Il se fait tard.	**Het wordt laat.** [hɛt wɔrt lāt]

Je dois me lever tôt.

Je ne me sens pas bien.

Ik moet vroeg op.
[ik mut vrux ɔp]

Ik voel me niet lekker.
[ik vul mə nit 'lɛkər]

Exprimer la gratitude

Merci. **Bedankt.**
[bə'dankt]

Merci beaucoup. **Heel erg bedankt.**
[hēl ɛrx bə'dankt]

Je l'apprécie beaucoup. **Ik stel dit zeer op prijs.**
[ik stel dit zēr ɔp prɛjs]

Je vous suis très reconnaissant. **Ik ben u erg dankbaar.**
[ik bɛn ju ɛrx 'dankbār]

Nous vous sommes très reconnaissant. **Wij zijn u erg dankbaar.**
[wɛj zɛjn ju ɛrx 'dankbār]

Merci pour votre temps. **Bedankt voor uw tijd.**
[bə'dankt vōr ʉw tɛjt]

Merci pour tout. **Dank u wel voor alles.**
[dank ju wɛl vōr 'aləs]

Merci pour ... **Bedankt voor ...**
[bə'dankt vōr ...]

votre aide **uw hulp**
[ʉw hʉlp]

les bons moments passés **een leuke dag**
[en 'løkə dax]

un repas merveilleux **een heerlijke maaltijd**
[en 'hērlɛkə 'māltɛjt]

cette agréable soirée **een prettige avond**
[en 'prɛtixə 'avɔnt]

cette merveilleuse journée **een prettige dag**
[en 'prɛtixə dax]

une excursion extraordinaire **een fantastische reis**
[en fan'tastise rɛjs]

Il n'y a pas de quoi. **Graag gedaan.**
[xrāx xə'dān]

Vous êtes les bienvenus. **Graag gedaan.**
[xrāx xə'dān]

Mon plaisir. **Graag gedaan.**
[xrāx xə'dān]

J'ai été heureux /heureuse/
de vous aider. **Tot uw dienst.**
[tɔt ʉw dinst]

Ça va. N'y pensez plus. **Graag gedaan.**
[xrāx xə'dān]

Ne vous inquiétez pas. **Maak je geen zorgen.**
[māk je xēn 'zɔrxən]

Félicitations. Vœux de fête

Félicitations!	**Gefeliciteerd!** [xəfelisi'tērt!]
Joyeux anniversaire!	**Gefeliciteerd met je verjaardag!** [xəfelisi'tērt mɛt je və'rjārdax!]
Joyeux Noël!	**Prettig Kerstfeest!** [prɛtəx 'kɛrstfēst!]
Bonne Année!	**Gelukkig Nieuwjaar!** [xə'lʉkəx 'niu'jār!]

Joyeuses Pâques!	**Vrolijk Paasfeest!** [vrɔlək 'pāsfēst!]
Joyeux Hanoukka!	**Gelukkig Chanoeka!** [xə'lʉkəx 'xanuka!]

Je voudrais proposer un toast.	**Ik wil een heildronk uitbrengen.** [ik wil en 'hɛjldrɔnk 'œʏtbreŋen]
Santé!	**Proost!** [prōst!]
Buvons à ...!	**Laten we drinken op ...!** [latən we 'drinkən ɔp ... !]
À notre succès!	**Op ons succes!** [ɔp ɔns sʉk'sɛs!]
À votre succès!	**Op uw succes!** [ɔp ʉw sʉk'sɛs!]

Bonne chance!	**Veel succes!** [vēl sʉk'sɛs!]
Bonne journée!	**Een prettige dag!** [en 'prɛtixə dax!]
Passez de bonnes vacances !	**Een prettige vakantie!** [en 'prɛtixə va'kantsi!]
Bon voyage!	**Een veilige reis!** [en 'vɛjlixə rɛjs!]
Rétablissez-vous vite	**Ik hoop dat u gauw weer beter bent!** [ik hōp dat ju 'xau wēr 'betər bɛnt!]

Socialiser

Pourquoi êtes-vous si triste?	**Waarom zie je er zo verdrietig uit?** [wã'rɔm zi je ɛr zɔ vər'dritəx œyt?]
Souriez!	**Lach eens! Wees vrolijk!** [lax ēns! wēs 'vrɔlək!]
Êtes-vous libre ce soir?	**Ben je vrij vanavond?** [bɛn je vrɛj va'navɔnt?]

Puis-je vous offrir un verre?	**Mag ik je een drankje aanbieden?** [max ik je en 'drankje 'ānbidən?]
Voulez-vous danser?	**Zullen we eens dansen?** [zʉlən we ēns 'dansən?]
Et si on va au cinéma?	**Laten we naar de bioscoop gaan.** [latən we nãr də biɔ'skōp xãn]

Puis-je vous inviter ...	**Mag ik je uitnodigen naar ...?** [max ik je 'œytnɔdixən nãr ...?]
au restaurant	**een restaurant** [en rɛstɔ'ran]
au cinéma	**de bioscoop** [də biɔ'skōp]
au théâtre	**het theater** [hɛt te'ater]
pour une promenade	**een wandeling** [en 'wandəliŋ]

À quelle heure?	**Hoe laat?** [hu lãt?]
ce soir	**vanavond** [va'navɔnt]
à six heures	**om zes uur** [ɔm zɛs ūr]
à sept heures	**om zeven uur** [ɔm 'zevən ūr]
à huit heures	**om acht uur** [ɔm axt ūr]
à neuf heures	**om negen uur** [ɔm 'nexən ūr]

Est-ce que vous aimez cet endroit?	**Vind u het hier leuk?** [vint ju ət hir 'løk?]
Êtes-vous ici avec quelqu'un?	**Bent u hier met iemand?** [bɛnt ju hir mɛt i'mant?]
Je suis avec mon ami.	**Ik ben met mijn vriend.** [ik bɛn mɛt mɛjn vrint]

Je suis avec mes amis.	**Ik ben met mijn vrienden.** [ik bɛn mɛt mɛjn 'vrindən]
Non, je suis seul /seule/	**Nee, ik ben alleen.** [ik bɛn a'lēn]

As-tu un copain?	**Heb jij een vriendje?** [hɛp jɛj en 'vrindje?]
J'ai un copain.	**Ik heb een vriendje.** [ik hɛp en 'vrindje]
As-tu une copine?	**Heb jij een vriendin?** [hɛp jɛj en vrin'din?]
J'ai une copine.	**Ik heb een vriendin.** [ik hɛp en vrin'din]

Est-ce que je peux te revoir?	**Kan ik je weer eens zien?** [kan ik je wēr ēns zin?]
Est-ce que je peux t'appeler?	**Mag ik je opbellen?** [max ik je ɔ'bɛlən?]
Appelle-moi.	**Bel me op.** [bɛl mə ɔp]
Quel est ton numéro?	**Wat is je nummer?** [wat is je 'nʉmər?]
Tu me manques.	**Ik mis je.** [ik mis je]

Vous avez un très beau nom.	**U hebt een mooie naam.** [ju hɛpt en mōje nām]
Je t'aime.	**Ik hou van jou.** [ik 'hau van 'jau]
Veux-tu te marier avec moi?	**Wil je met me trouwen?** [wil je mɛt mə 'trauwən?]
Vous plaisantez!	**Dat meen je niet!** [dat mēn je nit!]
Je plaisante.	**Grapje.** [xrapje]

Êtes-vous sérieux /sérieuse/?	**Meen je dat?** [mēn je dat?]
Je suis sérieux /sérieuse/	**Ik meen het.** [ik mēn ət]
Vraiment?!	**Heus waar?!** [høɕ wār?!]
C'est incroyable!	**Dat is ongelooflijk!** [dat is ɔnxə'lōflək!]
Je ne vous crois pas.	**Ik geloof je niet.** [ik xə'lōf je nit]
Je ne peux pas.	**Ik kan niet.** [ik kan nit]
Je ne sais pas.	**Ik weet het niet.** [ik wēt ət nit]
Je ne vous comprends pas	**Ik versta u niet.** [ik vər'sta ju nit]

Laissez-moi! Allez-vous-en!	**Ga alstublieft weg.** [xa alstʉ'blift wɛx]
Laissez-moi tranquille!	**Laat me gerust!** [lāt mə xə'rʉst!]

Je ne le supporte pas.	**Ik kan hem niet uitstaan.** [ik kan hɛm nit 'œʏtstān]
Vous êtes dégoûtant!	**U bent een smeerlap!** [ju bɛnt ən 'smērlap!]
Je vais appeler la police!	**Ik ga de politie bellen!** [ik xa də po'litsi 'bɛlən!]

Partager des impressions. Émotions

J'aime ça.	**Dat vind ik fijn.** [dat vint ik fɛjn]
C'est gentil.	**Heel mooi.** [hēl mōj]
C'est super!	**Wat leuk!** [wat 'løk!]
C'est assez bien.	**Dat is niet slecht.** [dat is nit slɛxt]
Je n'aime pas ça.	**Daar houd ik niet van.** [dār 'haut ik nit van]
Ce n'est pas bien.	**Dat is niet goed.** [dat is nit xut]
C'est mauvais.	**Het is slecht.** [hɛt is slɛxt]
Ce n'est pas bien du tout.	**Het is heel slecht.** [hɛt is hēl slɛxt]
C'est dégoûtant.	**Het is smerig.** [hɛt is 'smerəx]
Je suis content /contente/	**Ik ben blij.** [ik bɛn blɛj]
Je suis heureux /heureuse/	**Ik ben tevreden.** [ik bɛn təv'redən]
Je suis amoureux /amoureuse/	**ik ben verliefd.** [ik bɛn vər'lift]
Je suis calme.	**Ik voel me rustig.** [ik vul mə 'rʉstəx]
Je m'ennuie.	**Ik verveel me.** [ik vər'vēl mə]
Je suis fatigué /fatiguée/	**Ik ben moe.** [ik bɛn mu]
Je suis triste.	**Ik ben verdrietig.** [ik bɛn vər'dritəx]
J'ai peur.	**Ik ben bang.** [ik bɛn baŋ]
Je suis fâché /fâchée/	**Ik ben kwaad.** [ik bɛn kwāt]
Je suis inquiet /inquiète/	**Ik ben bezorgd.** [ik bɛn bə'zɔrxt]
Je suis nerveux /nerveuse/	**Ik ben zenuwachtig.** [ik bɛn 'zenʉwaxtəx]

Je suis jaloux /jalouse/ **Ik ben jaloers.**
[ik bɛn ja'lurs]

Je suis surpris /surprise/ **Het verwondert me.**
[hɛt vər'wɔndərt mə]

Je suis gêné /gênée/ **Ik sta paf.**
[ik sta paf]

Problèmes. Accidents

J'ai un problème.	**Ik heb een probleem.** [ik hɛp en prɔ'blēm]
Nous avons un problème.	**Wij hebben een probleem.** [wɛj 'hɛbən en prɔ'blēm]
Je suis perdu /perdue/	**Ik ben de weg kwijt.** [ik bɛn də wɛx kwɛjt]
J'ai manqué le dernier bus (train).	**Ik heb de laatste bus (trein) gemist.** [ik hɛp də 'lātstə bʉs (trɛjn) xə'mist]
Je n'ai plus d'argent.	**Ik heb geen geld meer.** [ik hɛp xēn xɛlt mēr]

J'ai perdu mon ...	**Ik heb mijn ... verloren** [ik hɛp mɛjn ... vər'lɔrən]
On m'a volé mon ...	**Iemand heeft mijn ... gestolen** [imant hēft mɛjn ... xəs'tɔlən]
passeport	**paspoort** [paspōrt]
portefeuille	**portemonnee** [pɔrtəmɔ'nē]
papiers	**papieren** [pa'pirən]
billet	**kaartje** [kārtjə]

argent	**geld** [xɛlt]
sac à main	**tas** [tas]
appareil photo	**camera** [kaməra]
portable	**laptop** ['lɛptɔp]
ma tablette	**tablet** [tab'lɛt]
mobile	**mobieltje** [mɔ'biltjə]

Au secours!	**Help!** [hɛlp!]
Qu'est-il arrivé?	**Wat is er aan de hand?** [wat is ɛr ān də haɲl?]
un incendie	**brand** [brant]

des coups de feu	**er wordt geschoten** [ɛr wɔrt xəs'xɔtən]
un meurtre	**moord** [mõrt]
une explosion	**ontploffing** [ɔntp'lɔfiŋ]
une bagarre	**gevecht** [xə'vɛxt]

Appelez la police!	**Bel de politie!** [bɛl də pɔ'litsi!]
Dépêchez-vous, s'il vous plaît!	**Opschieten alstublieft!** [ɔpsxitən alstʉ'blift!]
Je cherche le commissariat de police.	**Ik zoek het politiebureau.** [ik zuk ət pɔ'litsi bʉ'rɔ]
Il me faut faire un appel.	**Ik moet opbellen.** [ik mut ɔ'bɛlən]
Puis-je utiliser votre téléphone?	**Mag ik uw telefoon gebruiken?** [max ik ʉw telə'fõn xə'brœʏkən?]

J'ai été ...	**Ik ben ...** [ik bɛn ...]
agressé /agressée/	**overvallen** [ɔvər'valən]
volé /volée/	**bestolen** [bəs'tɔlən]
violée	**verkracht** [vərk'raxt]
attaqué /attaquée/	**aangevallen** [ānxəvalən]

Est-ce que ça va?	**Gaat het?** [xāt ət?]
Avez-vous vu qui c'était?	**Hebt u gezien wie het was?** [hɛpt ju xə'zin wi ət was?]
Pourriez-vous reconnaître cette personne?	**Zou u de persoon kunnen herkennen?** [zau ju də pɛr'sõn 'kʉnən hɛr'kɛnən?]
Vous êtes sûr?	**Bent u daar zeker van?** [bɛnt ju dār 'zekər van?]

Calmez-vous, s'il vous plaît.	**Rustig aan alstublieft.** [rʉstəx ān alstʉ'blift]
Calmez-vous!	**Kalm aan!** [kalm ān!]

Ne vous inquiétez pas.	**Maak je geen zorgen!** [māk je xēn 'zɔrxən!]
Tout ira bien.	**Alles komt in orde.** [aləs kɔmt in 'ɔrdə]
Ça va. Tout va bien.	**Alles is in orde.** [aləs iz in 'ɔrdə]

Venez ici, s'il vous plaît.

Kom hier alstublieft.
[kɔm hir alstʉ'blift]

J'ai des questions à vous poser.

Ik heb een paar vragen voor u.
[ik hɛp ǝn pãr 'vraxǝn võr ju]

Attendez un moment, s'il vous plaît.

Een ogenblikje alstublieft.
[ǝn 'ɔxǝnblikje alstʉ'blift]

Avez-vous une carte d'identité?

Hebt u een ID-kaart?
[hɛpt ju ǝn aj'di-kãrt?]

Merci. Vous pouvez partir maintenant.

Dank u. U mag nu vertrekken.
[dank ju. ju max nʉ vǝr'trɛkǝn]

Les mains derrière la tête!

Handen achter uw hoofd!
[handǝn 'axtǝr ʉw hõft!]

Vous êtes arrêté!

U bent onder arrest!
[ju bɛnt 'ɔndǝr a'rɛst!]

Problèmes de santé

Aidez-moi, s'il vous plaît.	**Kunt u mij helpen alstublieft?** [kʉnt ju mɛj 'hɛlpən alstʉ'blift]
Je ne me sens pas bien.	**Ik voel me niet goed.** [ik vul mə nit xut]
Mon mari ne se sent pas bien.	**Mijn man voelt zich niet goed.** [mɛjn man vult zix nit xut]
Mon fils ...	**Mijn zoon ...** [mɛjn zõn ...]
Mon père ...	**Mijn vader ...** [mɛjn 'vadər ...]
Ma femme ne se sent pas bien.	**Mijn vrouw voelt zich niet goed.** [mɛjn 'vrau vult zix nit xut]
Ma fille ...	**Mijn dochter ...** [mɛjn 'dɔxtər ...]
Ma mère ...	**Mijn moeder ...** [mɛjn 'mudər ...]
J'ai mal ...	**Ik heb ...** [ik hɛp ...]
à la tête	**hoofdpijn** [hõftpɛjn]
à la gorge	**keelpijn** [kēlpɛjn]
à l'estomac	**maagpijn** [mãxpɛjn]
aux dents	**tandpijn** [tantpɛjn]
J'ai le vertige.	**Ik voel me duizelig.** [ik vul mə 'dœʏzələx]
Il a de la fièvre.	**Hij heeft koorts.** [hɛj hēft kõrts]
Elle a de la fièvre.	**Zij heeft koorts.** [zɛj hēft kõrts]
Je ne peux pas respirer.	**Ik heb moeite met ademen.** [ik hɛp 'mujtə mɛt 'adəmən]
J'ai du mal à respirer.	**Ik ben kortademig.** [ik bɛn kɔ'rtadəməx]
Je suis asthmatique.	**Ik ben astmatisch.** [ik bɛn astm'atis]
Je suis diabétique.	**Ik ben diabeet.** [ik bɛn 'diabēt]

Je ne peux pas dormir.	**Ik kan niet slapen.** [ik kan nit 'slapən]
intoxication alimentaire	**voedselvergiftiging** [vutsəl·vər'xiftəxiŋ]

Ça fait mal ici.	**Het doet hier pijn.** [hɛt dut hir pɛjn]
Aidez-moi!	**Help!** [hɛlp!]
Je suis ici!	**Ik ben hier!** [ik bɛn hir!]
Nous sommes ici!	**Wij zijn hier!** [wɛj zɛjn hir!]
Sortez-moi d'ici!	**Kom mij halen!** [kɔm mɛj 'halən!]
J'ai besoin d'un docteur.	**Ik heb een dokter nodig.** [ik hɛp ən 'dɔktər 'nɔdex]
Je ne peux pas bouger!	**Ik kan me niet bewegen.** [ik kan mə nit bə'wexən]
Je ne peux pas bouger mes jambes.	**Ik kan mijn benen niet bewegen.** [ik kan mɛjn 'benən nit bə'wexən]

Je suis blessé /blessée/	**Ik heb een wond.** [ik hɛp ən wɔnt]
Est-ce que c'est sérieux?	**Is het erg?** [iz ət ɛrx?]
Mes papiers sont dans ma poche.	**Mijn documenten zijn in mijn zak.** [mɛjn dɔkʉ'mɛntən zɛjn in mɛjn zak]
Calmez-vous!	**Rustig maar!** [rʉstəx mãr!]
Puis-je utiliser votre téléphone?	**Mag ik uw telefoon gebruiken?** [max ik ʉw telə'fõn xə'brœʏkən?]

Appelez une ambulance!	**Bel een ambulance!** [bɛl en ambʉ'lansə!]
C'est urgent!	**Het is dringend!** [hɛt is 'driŋənt!]
C'est une urgence!	**Het is een noodgeval!** [hɛt is ən 'nõtxəval!]
Dépêchez-vous, s'il vous plaît!	**Opschieten alstublieft!** [ɔpsxitən alstʉ'blift!]
Appelez le docteur, s'il vous plaît.	**Kunt u alstublieft een dokter bellen?** [kʉnt ju alstʉ'blift en 'dɔktər 'bɛlən?]
Où est l'hôpital?	**Waar is het ziekenhuis?** [wãr iz ət 'zikənhœʏs?]

Comment vous sentez-vous?	**Hoe voelt u zich?** [hu vult ju zix?]
Est-ce que ça va?	**Hoe gaat het?** [hu xãt ət?]
Qu'est-il arrivé?	**Wat is er gebeurd?** [wat is ɛr xə'bøʏt?]

Je me sens mieux maintenant.

Ik voel me nu wat beter.
[ik vul mə nu wat 'betər]

Ça va. Tout va bien.

Het is okay.
[hɛt is ɔ'kɛj]

Ça va.

Het gaat beter.
[hɛt xāt 'betər]

À la pharmacie

pharmacie
apotheek
[apɔ'tēk]

pharmacie 24 heures
dag en nacht apotheek
[dax en naxt apɔ'tēk]

Où se trouve la pharmacie
la plus proche?
Waar is de meest nabij gelegen apotheek?
[wār is də mēst na'bɛj xə'lexən apɔ'tēk?]

Est-elle ouverte en ce moment?
Is hij nu open?
[is hɛj nʉ 'ɔpən?]

À quelle heure ouvre-t-elle?
Hoe laat gaat hij open?
[hu lāt xāt hɛj 'ɔpən?]

à quelle heure ferme-t-elle?
Hoe laat sluit hij?
[hu lāt slœyt hɛj?]

C'est loin?
Is het ver?
[iz ət vɛr?]

Est-ce que je peux y aller à pied?
Kan ik er lopend naar toe?
[kan ik ɛr 'lɔpənt nār tu?]

Pouvez-vous me le montrer
sur la carte?
Kunt u het op de plattegrond aanwijzen?
[kʉnt ju ət ɔp də platə'xrɔnt 'ānwɛjzən?]

Pouvez-vous me donner quelque
chose contre ...
Geef mij alstublieft iets voor ...
[xēf mɛj alstʉ'blift its vōr ...]

le mal de tête
hoofdpijn
[hōftpɛjn]

la toux
hoest
[hust]

le rhume
verkoudheid
[vər'kauthɛjt]

la grippe
de griep
[də xrip]

la fièvre
koorts
[kōrts]

un mal d'estomac
maagpijn
[māxpɛjn]

la nausée
misselijkheid
['misələkhɛjt]

la diarrhée
diarree
[dia'rē]

la constipation	**constipatie** [kɔnsti'patsi]
un mal de dos	**rugpijn** [rʉxpɛjn]
les douleurs de poitrine	**pijn in mijn borst** [pɛjn in mɛjn bɔrst]
les points de côté	**steek in de zij** [stēk in də zɛj]
les douleurs abdominales	**pijn in mijn onderbuik** [pɛjn in mɛjn 'ɔndərbœʏk]

une pilule	**pil** [pil]
un onguent, une crème	**zalf, crème** [zalf, krɛ:m]
un sirop	**stroop** [strōp]
un spray	**verstuiver** [vərstœʏvər]
les gouttes	**druppels** [drʉpəls]

Vous devez allez à l'hôpital.	**U moet naar het ziekenhuis.** [ju mut nār ət 'zikənhœʏs]
assurance maladie	**ziektekostenverzekering** [ziktəkɔstən·vər'zekəriŋ]
prescription	**voorschrift** [vōrsxrift]
produit anti-insecte	**anti-insecten middel** [anti-in'sɛktən 'midəl]
bandages adhésifs	**pleister** ['plɛjstər]

Les essentiels

Excusez-moi, ...	**Pardon, ...** [par'dɔn, ...]
Bonjour	**Hallo.** [halɔ]
Merci	**Bedankt.** [bə'dankt]
Au revoir	**Tot ziens.** [tɔt zins]
Oui	**Ja.** [ja]
Non	**Nee.** [nē]
Je ne sais pas.	**Ik weet het niet.** [ik wēt ət nit]
Où? | Où? | Quand?	**Waar? | Waarheen? | Wanneer?** [wār? | wār'hēn? | wa'nēr?]

J'ai besoin de ...	**Ik heb ... nodig** [ik hɛp ... 'nɔdəx]
Je veux ...	**Ik wil ...** [ik wil ...]
Avez-vous ... ?	**Hebt u ...?** [hɛpt ju ...?]
Est-ce qu'il y a ... ici?	**Is hier een ...?** [is hir en ...?]
Puis-je ... ?	**Mag ik ...?** [max ik ...?]
s'il vous plaît (pour une demande)	**... alstublieft** [... alstʉ'blift]

Je cherche ...	**Ik zoek ...** [ik zuk ...]
les toilettes	**toilet** [twɑ'lɛt]
un distributeur	**geldautomaat** [xɛlt·auto'māt]
une pharmacie	**apotheek** [apɔ'tēk]
l'hôpital	**ziekenhuis** [zikənhœys]
le commissariat de police	**politiebureau** [pɔ\'litsi bʉ\'rɔ]
une station de métro	**metro** ['metrɔ]

un taxi	**taxi** [taksi]
la gare	**station** [sta'tsjɔn]

Je m'appelle ...	**Ik heet ...** [ik hēt ...]
Comment vous appelez-vous?	**Hoe heet u?** [hu hēt ju?]
Aidez-moi, s'il vous plaît.	**Kunt u me helpen alstublieft?** [kʉnt ju mə 'hɛlpən alstʉ'blift?]
J'ai un problème.	**Ik heb een probleem.** [ik hɛp en prɔ'blēm]
Je ne me sens pas bien.	**Ik voel me niet goed.** [ik vul mə nit xut]
Appelez une ambulance!	**Bel een ambulance!** [bɛl en ambʉ'lansə!]
Puis-je faire un appel?	**Mag ik opbellen?** [max ik ɔ'bɛlən?]

Excusez-moi.	**Sorry.** ['sɔri]
Je vous en prie.	**Graag gedaan.** [xrãx xə'dãn]

je, moi	**Ik, mij** [ik, mɛj]
tu, toi	**jij** [jɛj]
il	**hij** [hɛj]
elle	**zij** [zɛj]
ils	**zij** [zɛj]
elles	**zij** [zɛj]
nous	**wij** [wɛj]
vous	**jullie** ['juli]
Vous	**u** [ju]

ENTRÉE	**INGANG** [inxaŋ]
SORTIE	**UITGANG** [œʏtxaŋ]
HORS SERVICE | EN PANNE	**BUITEN GEBRUIK** [bœʏtən xə'brœʏk]
FERMÉ	**GESLOTEN** [xə'slɔtən]

OUVERT	**OPEN**
	['ɔpən]
POUR LES FEMMES	**DAMES**
	[daməs]
POUR LES HOMMES	**HEREN**
	['herən]

T&P BOOKS

VOCABULAIRE THÉMATIQUE

Cette section contient plus
de 3000 des mots les plus
importants. Le dictionnaire
sera d'une aide indispensable
lors de voyages à l'étranger
puisque les mots individuels
sont souvent assez pour être
compris. Le dictionnaire
comprend une transcription
utile de chaque mot

T&P Books Publishing

CONTENU DU DICTIONNAIRE

Concepts de base	75
Nombres. Divers	83
Les couleurs. Les unités de mesure	87
Les verbes les plus importants	91
La notion de temps. Le calendrier	97
Les voyages. L'hôtel	103
Les transports	107
La ville	113
Les vêtements & les accessoires	121
L'expérience quotidienne	129
Les repas. Le restaurant	137
Les données personnelles. La famille	147
Le corps humain. Les médicaments	151
L'appartement	159
La Terre. Le temps	165
La faune	177
La flore	185
Les pays du monde	191

T&P Books Publishing

CONCEPTS DE BASE

1. Les pronoms
2. Adresser des vœux. Se dire bonjour
3. Les questions
4. Les prépositions
5. Les mots-outils. Les adverbes.
   Partie 1
6. Les mots-outils. Les adverbes.
   Partie 2

T&P Books Publishing

1. Les pronoms

je	ik	[ik]
tu	jij, je	[jɛj], [jə]

il	hij	[hɛj]
elle	zij, ze	[zɛj], [zə]
ça	het	[ət]

nous	wij, we	[wɛj], [wə]
vous	jullie	['juli]
ils, elles	zij, ze	[zɛj], [zə]

2. Adresser des vœux. Se dire bonjour

Bonjour! (fam.)	Hallo! Dag!	[ha'lɔ dax]
Bonjour! (form.)	Hallo!	[ha'lɔ]
Bonjour! (le matin)	Goedemorgen!	['xudə·'mɔrxən]
Bonjour! (après-midi)	Goedemiddag!	['xudə·'midax]
Bonsoir!	Goedenavond!	['xudən·'avɔnt]

dire bonjour	gedag zeggen	[xe'dax 'zexən]
Salut!	Hoi!	[hɔj]
salut (m)	groeten (het)	['xrutən]
saluer (vt)	verwelkomen	[vər'wɛlkɔmən]
Comment ça va?	Hoe gaat het?	[hu xãt ət]
Quoi de neuf?	Is er nog nieuws?	[is ɛr nɔx 'nius]

Au revoir! (form.)	Tot ziens!	[tɔt 'tsins]
Au revoir! (fam.)	Doei!	['dui]
À bientôt!	Tot snel!	[tɔt snɛl]
Adieu!	Vaarwel!	[vãr'wɛl]
dire au revoir	afscheid nemen	['afsxɛjt 'nemən]
Salut! (À bientôt!)	Tot kijk!	[tɔt kɛjk]

Merci!	Dank u!	[dank ju]
Merci beaucoup!	Dank u wel!	[dank ju wɛl]
Je vous en prie.	Graag gedaan.	[xrãx xə'dãn]
Il n'y a pas de quoi.	Geen dank.	[xẽn dank]
Pas de quoi.	Geen moeite.	[xẽn 'mujtə]

Excuse-moi! Excusez-moi!	Excuseer me, …	[ɛkskʉ'zẽr mə]
excuser (vt)	excuseren	[ɛkskʉ'zerən]
s'excuser (vp)	zich verontschuldigen	[zih vərɔnt'sxʉldəxən]

Mes excuses	Mijn excuses	[mɛjn ɛks'kʉzəs]
Pardonnez-moi!	Het spijt me!	[ət spɛjt mə]
pardonner (vt)	vergeven	[vər'xevən]
C'est pas grave	Maakt niet uit!	[māk nit œyt]
s'il vous plaît	alsjeblieft	[alstʉ'blift]

N'oubliez pas!	Vergeet het niet!	[vər'xēt ət nit]
Bien sûr!	Natuurlijk!	[na'tūrlək]
Bien sûr que non!	Natuurlijk niet!	[na'tūrlək nit]
D'accord!	Akkoord!	[a'kōrt]
Ça suffit!	Zo is het genoeg!	[zɔ is ət xə'nux]

3. Les questions

Qui?	Wie?	[wi]
Quoi?	Wat?	[wat]
Où? (~ es-tu?)	Waar?	[wār]
Où? (~ vas-tu?)	Waarheen?	[wār'hēn]
D'où?	Waarvandaan?	[ʋār·van'dān]
Quand?	Wanneer?	[wa'nēr]
Pourquoi? (~ es-tu venu?)	Waarom?	[wār'ɔm]
Pourquoi? (~ t'es pâle?)	Waarom?	[wār'ɔm]

À quoi bon?	Waarvoor dan ook?	[wār'vōr dan 'ōk]
Comment?	Hoe?	[hu]
Quel? (à ~ prix?)	Wat voor ...?	[wat vɔr]
Lequel?	Welk?	[wɛlk]

À qui? (pour qui?)	Aan wie?	[ān wi]
De qui?	Over wie?	['ɔvər wi]
De quoi?	Waarover?	[wār'ɔvər]
Avec qui?	Met wie?	[mɛt 'wi]

| Combien? | Hoeveel? | [hu'vēl] |
| À qui? (~ est ce livre?) | Van wie? | [van 'wi] |

4. Les prépositions

avec (~ toi)	met	[mɛt]
sans (~ sucre)	zonder	['zɔndər]
à (aller ~ ...)	naar	[nār]
de (au sujet de)	over	['ɔvər]
avant (~ midi)	voor	[vōr]
devant (~ la maison)	voor	[vōr]

sous (~ la commode)	onder	['ɔndər]
au-dessus de ...	boven	['bɔvən]
sur (dessus)	op	[ɔp]

| de (venir ~ Paris) | van | [van] |
| en (en bois, etc.) | van | [van] |

| dans (~ deux heures) | over | ['ɔvər] |
| par dessus | over | ['ɔvər] |

5. Les mots-outils. Les adverbes. Partie 1

Où? (~ es-tu?)	**Waar?**	[wãr]
ici (c'est ~)	**hier**	[hir]
là-bas (c'est ~)	**daar**	[dãr]

| quelque part (être) | **ergens** | ['ɛrxəns] |
| nulle part (adv) | **nergens** | ['nɛrxəns] |

| près de ... | **bij ...** | [bɛj] |
| près de la fenêtre | **bij het raam** | [bɛj het 'rãm] |

Où? (~ vas-tu?)	**Waarheen?**	[wãr'hẽn]
ici (Venez ~)	**hierheen**	[hir'hẽn]
là-bas (j'irai ~)	**daarheen**	[dãr'hẽn]
d'ici (adv)	**hiervandaan**	[hirvan'dãn]
de là-bas (adv)	**daarvandaan**	[darvan'dãn]

| près (pas loin) | **dichtbij** | [dix'bɛj] |
| loin (adv) | **ver** | [vɛr] |

près de (~ Paris)	**in de buurt**	[in də bũrt]
tout près (adv)	**dichtbij**	[dix'bɛj]
pas loin (adv)	**niet ver**	[nit vɛr]

gauche (adj)	**linker**	['linkər]
à gauche (être ~)	**links**	[links]
à gauche (tournez ~)	**linksaf, naar links**	['linksaf], [nãr 'links]

droit (adj)	**rechter**	['rɛxtər]
à droite (être ~)	**rechts**	[rɛxts]
à droite (tournez ~)	**rechtsaf, naar rechts**	['rɛxtsaf], [nãr 'rɛxts]

devant (adv)	**vooraan**	[võ'rãn]
de devant (adj)	**voorste**	['võrstə]
en avant (adv)	**vooruit**	[võr'œʏt]

derrière (adv)	**achter**	['axtər]
par derrière (adv)	**van achteren**	[van 'axtərən]
en arrière (regarder ~)	**achteruit**	['axtərœʏt]

milieu (m)	**midden (het)**	['midən]
au milieu (adv)	**in het midden**	[in ət 'midən]
de côté (vue ~)	**opzij**	[ɔp'sɛj]

partout (adv)	overal	[ɔvə'ral]
autour (adv)	omheen	[ɔm'hēn]
de l'intérieur	binnenuit	['binənœyt]
quelque part (aller)	naar ergens	[nār 'ɛrxəns]
tout droit (adv)	rechtdoor	[rɛx'dōr]
en arrière (revenir ~)	terug	[te'rʉx]
de quelque part (n'import d'où)	ergens vandaan	['ɛrxəns van'dān]
de quelque part (on ne sait pas d'où)	ergens vandaan	['ɛrxəns van'dān]
premièrement (adv)	ten eerste	[tən 'ērstə]
deuxièmement (adv)	ten tweede	[tən 'twēdə]
troisièmement (adv)	ten derde	[tən 'dɛrdə]
soudain (adv)	plotseling	['plɔtseliŋ]
au début (adv)	in het begin	[in ət bə'xin]
pour la première fois	voor de eerste keer	[vōr də 'ērstə kēr]
bien avant ...	lang voor ...	[laŋ vōr]
de nouveau (adv)	opnieuw	[ɔp'niu]
pour toujours (adv)	voor eeuwig	[vōr 'ēwəx]
jamais (adv)	nooit	[nōjt]
de nouveau, encore (adv)	weer	[wēr]
maintenant (adv)	nu	[nʉ]
souvent (adv)	vaak	[vāk]
alors (adv)	toen	[tun]
d'urgence (adv)	urgent	[jurxənt]
d'habitude (adv)	meestal	['mēstal]
à propos, ...	trouwens, ...	['trauwəns]
c'est possible	mogelijk	['mɔxələk]
probablement (adv)	waarschijnlijk	[wār'sxɛjnlək]
peut-être (adv)	misschien	[mis'xin]
en plus, ...	trouwens	['trauwəns]
c'est pourquoi ...	daarom ...	[dā'rɔm]
malgré ...	in weerwil van ...	[in 'wērwil van]
grâce à ...	dankzij ...	[dank'zɛj]
quoi (pron)	wat	[wat]
que (conj)	dat	[dat]
quelque chose (Il m'est arrivé ~)	iets	[its]
quelque chose (peut-on faire ~)	iets	[its]
rien (m)	niets	[nits]
qui (pron)	wie	[wi]
quelqu'un (on ne sait pas qui)	iemand	['imant]

quelqu'un (n'importe qui)	iemand	['imant]
personne (pron)	niemand	['nimant]
nulle part (aller ~)	nergens	['nɛrxəns]
de personne	niemands	['nimants]
de n'importe qui	iemands	['imants]

comme ça (adv)	zo	[zɔ]
également (adv)	ook	[ōk]
aussi (adv)	alsook	[al'sōk]

6. Les mots-outils. Les adverbes. Partie 2

Pourquoi?	Waarom?	[wār'ɔm]
pour une certaine raison	om een bepaalde reden	[ɔm en be'pāldə 'redən]
parce que ...	omdat ...	[ɔm'dat]
pour une raison quelconque	voor een bepaald doel	[vōr en be'pālt dul]

et (conj)	en	[en]
ou (conj)	of	[ɔf]
mais (conj)	maar	[mār]
pour ... (prep)	voor	[vōr]

trop (adv)	te	[te]
seulement (adv)	alleen	[a'lēn]
précisément (adv)	precies	[prə'sis]
près de ... (prep)	ongeveer	[ɔnxə'vēr]

approximativement	ongeveer	[ɔnxə'vēr]
approximatif (adj)	bij benadering	[bɛj bə'nadəriŋ]
presque (adv)	bijna	['bɛjna]
reste (m)	rest (de)	[rɛst]

l'autre (adj)	de andere	[də 'andərə]
autre (adj)	ander	['andər]
chaque (adj)	elk	[ɛlk]
n'importe quel (adj)	om het even welk	[ɔm ət ɛvən wɛlk]
beaucoup (adv)	veel	[vēl]
plusieurs (pron)	veel mensen	[vēl 'mɛnsən]
tous	iedereen	[idə'rēn]

en échange de ...	in ruil voor ...	[in 'rœyl vōr]
en échange (adv)	in ruil	[in 'rœyl]
à la main (adv)	met de hand	[mɛt də 'hant]
peu probable (adj)	onwaarschijnlijk	[ɔnwār'sxɛjnlək]

probablement (adv)	waarschijnlijk	[wār'sxɛjnlək]
exprès (adv)	met opzet	[mɛt 'ɔpzət]
par accident (adv)	toevallig	[tu'valəx]
très (adv)	zeer	[zēr]

par exemple (adv)	**bijvoorbeeld**	[bɛj'vōrbēlt]
entre (prep)	**tussen**	['tʉsən]
parmi (prep)	**tussen**	['tʉsən]
autant (adv)	**zoveel**	[zɔ'vēl]
surtout (adv)	**vooral**	[vō'ral]

NOMBRES. DIVERS

7. Les nombres cardinaux. Partie 1
8. Les nombres cardinaux. Partie 2
9. Les nombres ordinaux

T&P Books Publishing

zéro	**nul**	[nʉl]
un	**een**	[en]
deux	**twee**	[twē]
trois	**drie**	[dri]
quatre	**vier**	[vir]
cinq	**vijf**	[vɛjf]
six	**zes**	[zɛs]
sept	**zeven**	['zevən]
huit	**acht**	[axt]
neuf	**negen**	['nexən]
dix	**tien**	[tin]
onze	**elf**	[ɛlf]
douze	**twaalf**	[twālf]
treize	**dertien**	['dɛrtin]
quatorze	**veertien**	['vērtin]
quinze	**vijftien**	['vɛjftin]
seize	**zestien**	['zɛstin]
dix-sept	**zeventien**	['zevəntin]
dix-huit	**achttien**	['axtin]
dix-neuf	**negentien**	['nexəntin]
vingt	**twintig**	['twintəx]
vingt et un	**eenentwintig**	['ēnən·'twintəx]
vingt-deux	**tweeëntwintig**	['twēɛn·'twintəx]
vingt-trois	**drieëntwintig**	['driɛn·'twintəx]
trente	**dertig**	['dɛrtəx]
trente et un	**eenendertig**	['ēnən·'dɛrtəx]
trente-deux	**tweeëndertig**	['twēɛn·'dɛrtəx]
trente-trois	**drieëndertig**	['driɛn·'dɛrtəx]
quarante	**veertig**	['vērtəx]
quarante et un	**eenenveertig**	['ēnən·'vertəx]
quarante-deux	**tweeënveertig**	['twēɛn·'vertəx]
quarante-trois	**drieënveertig**	['driɛn·'vērtəx]
cinquante	**vijftig**	['vɛjftəx]
cinquante et un	**eenenvijftig**	['ēnən·'vɛjftəx]
cinquante-deux	**tweeënvijftig**	['twēɛn·'vɛjftəx]
cinquante-trois	**drieënvijftig**	['driɛn·'vɛjftəx]
soixante	**zestig**	['zɛstəx]

soixante et un	eenenzestig	['ēnən·'zɛstəx]
soixante-deux	tweeënzestig	['twēɛn·'zɛstəx]
soixante-trois	drieënzestig	['driɛn·'zɛstəx]

soixante-dix	zeventig	['zevəntəx]
soixante et onze	eenenzeventig	['ēnən·'zevəntəx]
soixante-douze	tweeënzeventig	['twēɛn·'zevəntəx]
soixante-treize	drieënzeventig	['driɛn·'zevəntəx]

quatre-vingts	tachtig	['tahtəx]
quatre-vingt et un	eenentachtig	['ēnən·'tahtəx]
quatre-vingt deux	tweeëntachtig	['twēɛn·'tahtəx]
quatre-vingt trois	drieëntachtig	['driɛn·'taxtəx]

quatre-vingt-dix	negentig	['nexəntəx]
quatre-vingt et onze	eenennegentig	['ēnən·'nexəntəx]
quatre-vingt-douze	tweeënnegentig	['twēɛn·'nexəntəx]
quatre-vingt-treize	drieënnegentig	['driɛn·'nexəntəx]

8. Les nombres cardinaux. Partie 2

cent	honderd	['hɔndərt]
deux cents	tweehonderd	[twē·'hɔndərt]
trois cents	driehonderd	[dri·'hɔndərt]
quatre cents	vierhonderd	[vir·'hɔndərt]
cinq cents	vijfhonderd	[vɛjf·'hɔndərt]

six cents	zeshonderd	[zɛs·'hɔndərt]
sept cents	zevenhonderd	['zevən·'hɔndərt]
huit cents	achthonderd	[axt·'hɔndərt]
neuf cents	negenhonderd	['nexən·'hɔndərt]

mille	duizend	['dœʏzənt]
deux mille	tweeduizend	[twē·'dœʏzənt]
trois mille	drieduizend	[dri·'dœʏzənt]
dix mille	tienduizend	[tin·'dœʏzənt]
cent mille	honderdduizend	['hɔndərt·'dœʏzənt]
million (m)	miljoen (het)	[mi'ljun]
milliard (m)	miljard (het)	[mi'ljart]

9. Les nombres ordinaux

premier (adj)	eerste	['ērstə]
deuxième (adj)	tweede	['twēdə]
troisième (adj)	derde	['dɛrdə]
quatrième (adj)	vierde	['virdə]
cinquième (adj)	vijfde	['vɛjfdə]
sixième (adj)	zesde	['zɛsdə]

septième (adj)	**zevende**	['zevəndə]
huitième (adj)	**achtste**	['axtstə]
neuvième (adj)	**negende**	['nexəndə]
dixième (adj)	**tiende**	['tində]

LES COULEURS.
LES UNITÉS DE MESURE

10. Les couleurs
11. Les unités de mesure
12. Les récipients

T&P Books Publishing

10. Les couleurs

couleur (f)	kleur (de)	['klør]
teinte (f)	tint (de)	[tint]
ton (m)	kleurnuance (de)	['klør·nʉ'waŋsə]
arc-en-ciel (m)	regenboog (de)	['rexən·bõx]

blanc (adj)	wit	[wit]
noir (adj)	zwart	[zwart]
gris (adj)	grijs	[xrɛjs]

vert (adj)	groen	[xrun]
jaune (adj)	geel	[xēl]
rouge (adj)	rood	[rõt]
bleu (adj)	blauw	['blau]
bleu clair (adj)	lichtblauw	['lixt·blau]
rose (adj)	roze	['rɔzə]
orange (adj)	oranje	[ɔ'ranjə]
violet (adj)	violet	[vio'lɛt]
brun (adj)	bruin	['brœyn]

d'or (adj)	goud	['xaut]
argenté (adj)	zilverkleurig	['zilvər·'klørəx]
beige (adj)	beige	['bɛːʒ]
crème (adj)	roomkleurig	['rõm·'klørix]
turquoise (adj)	turkoois	[tʉrk'was]
rouge cerise (adj)	kersrood	['kɛrs·rõt]
lilas (adj)	lila	['lila]
framboise (adj)	karmijnrood	['karmɛjn·'rõt]

clair (adj)	licht	[lixt]
foncé (adj)	donker	['dɔnkər]
vif (adj)	fel	[fel]

de couleur (adj)	kleur-, kleurig	['klør], ['klørəx]
en couleurs (adj)	kleuren-	['klørən]
noir et blanc (adj)	zwart-wit	[zwart-wit]
unicolore (adj)	eenkleurig	[ēn'klørəx]
multicolore (adj)	veelkleurig	[vēl'klørəx]

11. Les unités de mesure

| poids (m) | gewicht (het) | [xə'wixt] |
| longueur (f) | lengte (de) | ['lɛŋtə] |

largeur (f)	breedte (de)	['brētə]
hauteur (f)	hoogte (de)	['hōxtə]
profondeur (f)	diepte (de)	['diptə]
volume (m)	volume (het)	[vɔ'lʉmə]
aire (f)	oppervlakte (de)	['ɔpərvlaktə]

gramme (m)	gram (het)	[xram]
milligramme (m)	milligram (het)	['milixram]
kilogramme (m)	kilogram (het)	[kilɔxram]
tonne (f)	ton (de)	[tɔn]
livre (f)	pond (het)	[pɔnt]
once (f)	ons (het)	[ɔns]

mètre (m)	meter (de)	['metər]
millimètre (m)	millimeter (de)	['milimetər]
centimètre (m)	centimeter (de)	['sɛnti'metər]
kilomètre (m)	kilometer (de)	[kilɔmetər]
mille (m)	mijl (de)	[mɛjl]

pouce (m)	duim (de)	['dœɤm]
pied (m)	voet (de)	[vut]
yard (m)	yard (de)	[jart]

mètre (m) carré	vierkante meter (de)	['virkantə 'metər]
hectare (m)	hectare (de)	[hɛk'tarə]
litre (m)	liter (de)	['litər]
degré (m)	graad (de)	[xrāt]
volt (m)	volt (de)	[vɔlt]
ampère (m)	ampère (de)	[am'pɛrə]
cheval-vapeur (m)	paardenkracht (de)	['pārdən·kraxt]

quantité (f)	hoeveelheid (de)	[hu'vēlhɛjt]
un peu de …	een beetje …	[ən 'bētʃə]
moitié (f)	helft (de)	[hɛlft]
douzaine (f)	dozijn (het)	[dɔ'zɛjn]
pièce (f)	stuk (het)	[stʉk]

| dimension (f) | afmeting (de) | ['afmetiŋ] |
| échelle (f) (de la carte) | schaal (de) | [sxāl] |

minimal (adj)	minimaal	[mini'māl]
le plus petit (adj)	minste	['minstə]
moyen (adj)	medium	['medijum]
maximal (adj)	maximaal	[maksi'māl]
le plus grand (adj)	grootste	['xrōtstə]

12. Les récipients

| bocal (m) en verre | glazen pot (de) | ['xlazən pɔt] |
| boîte, canette (f) | blik (het) | [blik] |

seau (m)	emmer (de)	['ɛmər]
tonneau (m)	ton (de)	[tɔn]
bassine, cuvette (f)	ronde waterbak (de)	['watər·bak]
cuve (f)	tank (de)	[tank]
flasque (f)	heupfles (de)	['høp·flɛs]
jerrican (m)	jerrycan (de)	['dʒɛrikən]
citerne (f)	tank (de)	[tank]
tasse (f), mug (m)	beker (de)	['bekər]
tasse (f)	kopje (het)	['kɔpjə]
soucoupe (f)	schoteltje (het)	['sxɔteltʃə]
verre (m) (~ d'eau)	glas (het)	[xlas]
verre (m) à vin	wijnglas (het)	['wɛjn·xlas]
faitout (m)	pan (de)	[pan]
bouteille (f)	fles (de)	[fles]
goulot (m)	flessenhals (de)	['flesən·hals]
carafe (f)	karaf (de)	[ka'raf]
pichet (m)	kruik (de)	['krœɣk]
récipient (m)	vat (het)	[vat]
pot (m)	pot (de)	[pɔt]
vase (m)	vaas (de)	[vãs]
flacon (m)	flacon (de)	[fla'kɔn]
fiole (f)	flesje (het)	['fleɕə]
tube (m)	tube (de)	['tɰbə]
sac (m) (grand ~)	zak (de)	[zak]
sac (m) (~ en plastique)	tasje (het)	['taɕə]
paquet (m) (~ de cigarettes)	pakje (het)	['pakjə]
boîte (f)	doos (de)	[dõs]
caisse (f)	kist (de)	[kist]
panier (m)	mand (de)	[mant]

LES VERBES
LES PLUS IMPORTANTS

13. Les verbes les plus importants.
    Partie 1
14. Les verbes les plus importants.
    Partie 2
15. Les verbes les plus importants.
    Partie 3
16. Les verbes les plus importants.
    Partie 4

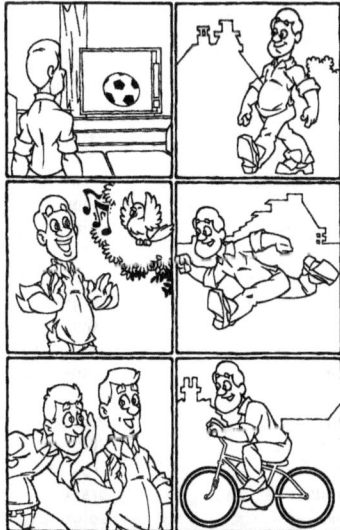

T&P Books Publishing

aider (vt)	helpen	['hɛlpən]
aimer (qn)	liefhebben	['lifhɛbən]
aller (à pied)	gaan	[xān]
apercevoir (vt)	opmerken	['ɔpmɛrkən]
appartenir à ...	toebehoren aan ...	['tubəhɔrən ān]
appeler (au secours)	roepen	['rupən]
attendre (vt)	wachten	['waxtən]
attraper (vt)	vangen	['vaŋən]
avertir (vt)	waarschuwen	['wārsxjuvən]
avoir (vt)	hebben	['hɛbən]
avoir confiance	vertrouwen	[vər'trauwən]
avoir faim	honger hebben	['hɔŋər 'hɛbən]
avoir peur	bang zijn	['baŋ zɛjn]
avoir soif	dorst hebben	[dɔrst 'hɛbən]
cacher (vt)	verbergen	[vər'bɛrxən]
casser (briser)	breken	['brekən]
cesser (vt)	ophouden	['ɔphaudən]
changer (vt)	veranderen	[və'randərən]
chasser (animaux)	jagen	['jaxən]
chercher (vt)	zoeken	['zukən]
choisir (vt)	kiezen	['kizən]
commander (~ le menu)	bestellen	[bə'stɛlən]
commencer (vt)	beginnen	[bə'xinən]
comparer (vt)	vergelijken	[vɛrxə'lɛjkən]
comprendre (vt)	begrijpen	[bə'xrɛjpən]
compter (dénombrer)	tellen	['tɛlən]
compter sur ...	rekenen op ...	['rekənən ɔp]
confondre (vt)	verwarren	[vər'warən]
connaître (qn)	kennen	['kɛnən]
conseiller (vt)	adviseren	[atvi'zirən]
continuer (vt)	vervolgen	[vər'vɔlxən]
contrôler (vt)	controleren	[kontrɔ'lerən]
courir (vi)	rennen	['renən]
coûter (vt)	kosten	['kɔstən]
créer (vt)	creëren	[kre'jerən]
creuser (vt)	graven	['xravən]
crier (vi)	schreeuwen	['sxrēwən]

14. Les verbes les plus importants. Partie 2

décorer (~ la maison)	versieren	[vər'sirən]
défendre (vt)	verdedigen	[vər'dedixən]
déjeuner (vi)	lunchen	['lʉnʃən]
demander (~ l'heure)	vragen	['vraxən]
demander (de faire qch)	verzoeken	[vər'zukən]
descendre (vi)	afdalen	['afdalən]
deviner (vt)	goed raden	[xut 'radən]
dîner (vi)	souperen	[su'perən]
dire (vt)	zeggen	['zexən]
diriger (~ une usine)	beheren	[bə'herən]
discuter (vt)	bespreken	[bə'sprekən]
donner (vt)	geven	['xevən]
donner un indice	een hint geven	[en hint 'xevən]
douter (vt)	twijfelen	['twɛjfelən]
écrire (vt)	schrijven	['sxrɛjvən]
entendre (bruit, etc.)	horen	['hɔrən]
entrer (vi)	binnengaan	['binənxān]
envoyer (vt)	sturen	['stʉrən]
espérer (vi)	hopen	['hɔpən]
essayer (vt)	proberen	[prɔ'berən]
être (vi)	zijn	[zɛjn]
être d'accord	instemmen	['instɛmən]
être nécessaire	nodig zijn	['nɔdəx zɛjn]
être pressé	zich haasten	[zix 'hāstən]
étudier (vt)	studeren	[stʉ'derən]
excuser (vt)	excuseren	[ɛkskʉ'zerən]
exiger (vt)	eisen	['ɛjsən]
exister (vi)	existeren	[ɛksis'tɛrən]
expliquer (vt)	verklaren	[vər'klarən]
faire (vt)	doen	[dun]
faire tomber	laten vallen	['latən 'valən]
finir (vt)	beëindigen	[be'ɛjndəxən]
garder (conserver)	bewaren	[bə'warən]
gronder, réprimander (vt)	uitvaren tegen	['œytvarən 'texən]
informer (vt)	informeren	[infɔr'merən]
insister (vi)	aandringen	['āndriŋən]
insulter (vt)	beledigen	[bə'ledəxən]
inviter (vt)	uitnodigen	['œytnɔdixən]
jouer (s'amuser)	spelen	['spelən]

15. Les verbes les plus importants. Partie 3

libérer (ville, etc.)	bevrijden	[bə'vrɛjdən]
lire (vi, vt)	lezen	['lezən]
louer (prendre en location)	huren	['hʉrən]
manquer (l'école)	verzuimen	[vər'zœʏmən]
menacer (vt)	bedreigen	[bə'drɛjxən]
mentionner (vt)	vermelden	[vər'mɛldən]
montrer (vt)	tonen	['tɔnən]
nager (vi)	zwemmen	['zwɛmən]
objecter (vt)	weerspreken	[wɛ̃r'sprekən]
observer (vt)	waarnemen	['wārnemən]
ordonner (mil.)	bevelen	[bə'velən]
oublier (vt)	vergeten	[vər'xetən]
ouvrir (vt)	openen	['ɔpənən]
pardonner (vt)	vergeven	[vər'xevən]
parler (vi, vt)	spreken	['sprekən]
participer à ...	deelnemen	['dēlnemən]
payer (régler)	betalen	[bə'talən]
penser (vi, vt)	denken	['dɛnkən]
permettre (vt)	toestaan	['tustān]
plaire (être apprécié)	bevallen	[bə'valən]
plaisanter (vi)	grappen maken	['xrapən 'makən]
planifier (vt)	plannen	['planən]
pleurer (vi)	huilen	['hœʏlən]
posséder (vt)	bezitten	[bə'zitən]
pouvoir (v aux)	kunnen	['kʉnən]
préférer (vt)	prefereren	[prəfe'rerən]
prendre (vt)	nemen	['nemən]
prendre en note	opschrijven	['ɔpsxrɛjvən]
prendre le petit déjeuner	ontbijten	[ɔn'bɛjtən]
préparer (le dîner)	bereiden	[bə'rɛjdən]
prévoir (vt)	voorzien	[võr'zin]
prier (~ Dieu)	bidden	['bidən]
promettre (vt)	beloven	[bə'lɔvən]
prononcer (vt)	uitspreken	['œʏtsprekən]
proposer (vt)	voorstellen	['võrstɛlən]
punir (vt)	bestraffen	[bə'strafən]

16. Les verbes les plus importants. Partie 4

| recommander (vt) | aanbevelen | ['āmbəvelən] |
| regretter (vt) | betreuren | [bə'trørən] |

répéter (dire encore)	herhalen	[hɛr'halən]
répondre (vi, vt)	antwoorden	['antwŏrdən]
réserver (une chambre)	reserveren	[rezɛr'verən]

rester silencieux	zwijgen	['zwɛjxən]
réunir (regrouper)	verenigen	[və'rɛnixən]
rire (vi)	lachen	['laxən]
s'arrêter (vp)	stoppen	['stɔpən]
s'asseoir (vp)	gaan zitten	[xān 'zitən]

sauver (la vie à qn)	redden	['rɛdən]
savoir (qch)	weten	['wetən]
se baigner (vp)	gaan zwemmen	[xān 'zwɛmən]
se plaindre (vp)	klagen	['klaxən]
se refuser (vp)	weigeren	['wɛjxərən]

se tromper (vp)	zich vergissen	[zih vər'xisən]
se vanter (vp)	opscheppen	['ɔpsxepən]
s'étonner (vp)	verbaasd zijn	[vər'bāst zɛjn]
s'excuser (vp)	zich verontschuldigen	[zih vəront'sxʉldəxən]
signer (vt)	ondertekenen	['ɔndər'tekənən]

signifier (vt)	betekenen	[bə'tekənən]
s'intéresser (vp)	zich interesseren voor ...	[zix interə'serən vŏr]
sortir (aller dehors)	uitgaan	['œʏtxān]
sourire (vi)	glimlachen	['xlimlahən]
sous-estimer (vt)	onderschatten	['ɔndər'sxatən]

suivre ... (suivez-moi)	volgen	['vɔlxən]
tirer (vi)	schieten	['sxitən]
tomber (vi)	vallen	['valən]
toucher (avec les mains)	aanraken	['ānrakən]
tourner (~ à gauche)	afslaan	['afslān]

traduire (vt)	vertalen	[vər'talən]
travailler (vi)	werken	['wɛrkən]
tromper (vt)	bedriegen	[bə'drixən]
trouver (vt)	vinden	['vindən]
tuer (vt)	doden	['dɔdən]
vendre (vt)	verkopen	[vɛr'kɔpən]

venir (vi)	aankomen	['ānkɔmən]
voir (vt)	zien	[zin]
voler (avion, oiseau)	vliegen	['vlixən]
voler (qch à qn)	stelen	['stelən]
vouloir (vt)	willen	['wilən]

LA NOTION DE TEMPS. LE CALENDRIER

17. Les jours de la semaine
18. Les heures. Le jour et la nuit
19. Les mois. Les saisons

T&P Books Publishing

17. Les jours de la semaine

lundi (m)	maandag (de)	['māndax]
mardi (m)	dinsdag (de)	['dinsdax]
mercredi (m)	woensdag (de)	['wunsdax]
jeudi (m)	donderdag (de)	['dɔndərdax]
vendredi (m)	vrijdag (de)	['vrɛjdax]
samedi (m)	zaterdag (de)	['zatərdax]
dimanche (m)	zondag (de)	['zɔndax]
aujourd'hui (adv)	vandaag	[van'dāx]
demain (adv)	morgen	['mɔrxən]
après-demain (adv)	overmorgen	[ɔvər'mɔrxən]
hier (adv)	gisteren	['xistərən]
avant-hier (adv)	eergisteren	[ēr'xistərən]
jour (m)	dag (de)	[dax]
jour (m) ouvrable	werkdag (de)	['wɛrk·dax]
jour (m) férié	feestdag (de)	['fēst·dax]
jour (m) de repos	verlofdag (de)	[vər'lɔfdax]
week-end (m)	weekend (het)	['wikənt]
toute la journée	de hele dag	[də 'helə dah]
le lendemain	de volgende dag	[də 'vɔlxəndə dax]
il y a 2 jours	twee dagen geleden	[twē 'daxən xə'ledən]
la veille	aan de vooravond	[ān də vō'ravɔnt]
quotidien (adj)	dag-, dagelijks	[dax], ['daxələks]
tous les jours	elke dag	['ɛlkə dax]
semaine (f)	week (de)	[wēk]
la semaine dernière	vorige week	['vɔrixə wēk]
la semaine prochaine	volgende week	['vɔlxəndə wēk]
hebdomadaire (adj)	wekelijks	['wekələks]
chaque semaine	elke week	['ɛlkə wēk]
2 fois par semaine	twee keer per week	[twē ker pər vēk]
tous les mardis	elke dinsdag	['ɛlkə 'dinsdax]

18. Les heures. Le jour et la nuit

matin (m)	morgen (de)	['mɔrxən]
le matin	's morgens	[s 'mɔrxəns]
midi (m)	middag (de)	['midax]
dans l'après-midi	's middags	[s 'midax]
soir (m)	avond (de)	['avɔnt]

le soir	's avonds	[s 'avɔnts]
nuit (f)	nacht (de)	[naxt]
la nuit	's nachts	[s naxts]
minuit (f)	middernacht (de)	['midər·naxt]
seconde (f)	seconde (de)	[se'kɔndə]
minute (f)	minuut (de)	[mi'nüt]
heure (f)	uur (het)	[ür]
demi-heure (f)	halfuur (het)	[half 'ür]
un quart d'heure	kwartier (het)	['kwar'tir]
quinze minutes	vijftien minuten	['vɛjftin mi'nütən]
vingt-quatre heures	etmaal (het)	['ɛtmāl]
lever (m) du soleil	zonsopgang (de)	[zɔns'ɔpxaŋ]
aube (f)	dageraad (de)	['daxerāt]
point (m) du jour	vroege morgen (de)	['vruxə 'mɔrxən]
coucher (m) du soleil	zonsondergang (de)	[zɔns'ɔndərxaŋ]
tôt le matin	's morgens vroeg	[s 'mɔrxəns vrux]
ce matin	vanmorgen	[van'mɔrxən]
demain matin	morgenochtend	['mɔrxən·'ɔhtənt]
cet après-midi	vanmiddag	[van'midax]
dans l'après-midi	's middags	[s 'midax]
demain après-midi	morgenmiddag	['mɔrxən·'midax]
ce soir	vanavond	[va'navɔnt]
demain soir	morgenavond	['mɔrxən·'avɔnt]
à 3 heures précises	klokslag drie uur	['klɔkslax dri ür]
autour de 4 heures	ongeveer vier uur	[ɔnxə'vēr vir ür]
vers midi	tegen twaalf uur	['texən twālf ür]
dans 20 minutes	over twintig minuten	['ɔvər 'twintix mi'nütən]
dans une heure	over een uur	['ɔvər en ür]
à temps	op tijd	[ɔp tɛjt]
... moins le quart	kwart voor ...	['kwart vōr]
en une heure	binnen een uur	['binən en ür]
tous les quarts d'heure	elk kwartier	['ɛlk kwar'tir]
24 heures sur 24	de klok rond	[də klɔk rɔnt]

19. Les mois. Les saisons

janvier (m)	januari (de)	[janɥ'ari]
février (m)	februari (de)	[febrɥ'ari]
mars (m)	maart (de)	[mārt]
avril (m)	april (de)	[ap'ril]
mai (m)	mei (de)	[mɛj]
juin (m)	juni (de)	['juni]

juillet (m)	**juli (de)**	['juli]
août (m)	**augustus (de)**	[auˈxʉstʉs]
septembre (m)	**september (de)**	[sɛpˈtɛmbər]
octobre (m)	**oktober (de)**	[ɔkˈtobər]
novembre (m)	**november (de)**	[nɔˈvɛmbər]
décembre (m)	**december (de)**	[deˈsɛmbər]
printemps (m)	**lente (de)**	[ˈlɛntə]
au printemps	**in de lente**	[in də ˈlɛntə]
de printemps (adj)	**lente-**	[ˈlɛntə]
été (m)	**zomer (de)**	[ˈzɔmər]
en été	**in de zomer**	[in də ˈzɔmər]
d'été (adj)	**zomer-, zomers**	[ˈzɔmər], [ˈzɔmərs]
automne (m)	**herfst (de)**	[hɛrfst]
en automne	**in de herfst**	[in də hɛrfst]
d'automne (adj)	**herfst-**	[hɛrfst]
hiver (m)	**winter (de)**	[ˈwintər]
en hiver	**in de winter**	[in də ˈwintər]
d'hiver (adj)	**winter-**	[ˈwintər]
mois (m)	**maand (de)**	[mānt]
ce mois	**deze maand**	[ˈdezə mānt]
le mois prochain	**volgende maand**	[ˈvɔlxəndə mānt]
le mois dernier	**vorige maand**	[ˈvɔrixə mānt]
il y a un mois	**een maand geleden**	[en mānt xəˈledən]
dans un mois	**over een maand**	[ˈɔvər en mānt]
dans 2 mois	**over twee maanden**	[ˈɔvər twē ˈmāndən]
tout le mois	**de hele maand**	[də ˈhelə mānt]
tout un mois	**een volle maand**	[en ˈvɔlə mānt]
mensuel (adj)	**maand-, maandelijks**	[mānt], [ˈmāndələks]
mensuellement	**maandelijks**	[ˈmāndələks]
chaque mois	**elke maand**	[ˈɛlkə mānt]
2 fois par mois	**twee keer per maand**	[twē ker pər mānt]
année (f)	**jaar (het)**	[jār]
cette année	**dit jaar**	[dit jār]
l'année prochaine	**volgend jaar**	[ˈvɔlxənt jār]
l'année dernière	**vorig jaar**	[ˈvɔrəx jār]
il y a un an	**een jaar geleden**	[en jār xəˈledən]
dans un an	**over een jaar**	[ˈɔvər en jār]
dans 2 ans	**over twee jaar**	[ˈɔvər twē jār]
toute l'année	**het hele jaar**	[ət ˈhelə jār]
toute une année	**een vol jaar**	[en vɔl jār]
chaque année	**elk jaar**	[ɛlk jār]
annuel (adj)	**jaar-, jaarlijks**	[jār], [ˈjārləks]

| annuellement | jaarlijks | ['järləks] |
| 4 fois par an | 4 keer per jaar | [vir kēr per 'jār] |

date (f) (jour du mois)	datum (de)	['datʉm]
date (f) (~ mémorable)	datum (de)	['datʉm]
calendrier (m)	kalender (de)	[ka'lɛndər]

six mois	een half jaar	[en half jār]
semestre (m)	zes maanden	[zɛs 'māndən]
saison (f)	seizoen (het)	[sɛj'zun]
siècle (m)	eeuw (de)	[ēw]

BOOKS

T&P

LES VOYAGES. L'HÔTEL

20. Les voyages. Les excursions
21. L'hôtel
22. Le tourisme

USD CAD
EUR CHF
JPY HKD
GBP CNY

RECEPTION

T&P Books Publishing

tourisme (m)	toerisme (het)	[tu'rismə]
touriste (m)	toerist (de)	[tu'rist]
voyage (m) (à l'étranger)	reis (de)	[rɛjs]
aventure (f)	avontuur (het)	[avɔn'tūr]
voyage (m)	tocht (de)	[tɔxt]

vacances (f pl)	vakantie (de)	[va'kantsi]
être en vacances	met vakantie zijn	[mɛt va'kantsi zɛjn]
repos (m) (jours de ~)	rust (de)	[rʉst]

train (m)	trein (de)	[trɛjn]
en train	met de trein	[mɛt də trɛjn]
avion (m)	vliegtuig (het)	['vlixtœɣx]
en avion	met het vliegtuig	[mɛt ət 'vlixtœɣx]
en voiture	met de auto	[mɛt də 'autɔ]
en bateau	per schip	[pər sxip]
bagage (m)	bagage (de)	[ba'xaʒə]
malle (f)	valies (de)	[va'lis]
chariot (m)	bagagekarretje (het)	[ba'xaʒə·'karɛtʃə]

passeport (m)	paspoort (het)	['paspōrt]
visa (m)	visum (het)	['vizʉm]
ticket (m)	kaartje (het)	['kārtʃə]
billet (m) d'avion	vliegticket (het)	['vlix·'tikət]
guide (m) (livre)	reisgids (de)	['rɛjs·xids]
carte (f)	kaart (de)	[kārt]
région (f) (~ rurale)	gebied (het)	[xə'bit]
endroit (m)	plaats (de)	[plāts]

exotisme (m)	exotische bestemming (de)	[ɛ'ksɔtise bɛ'stemin]
exotique (adj)	exotisch	[ɛk'sɔtis]
étonnant (adj)	verwonderlijk	[vər'wɔndərlək]

groupe (m)	groep (de)	[xrup]
excursion (f)	rondleiding (de)	['rɔntlɛjdiŋ]
guide (m) (personne)	gids (de)	[xits]

21. L'hôtel

hôtel (m)	hotel (het)	[hɔ'tɛl]
motel (m)	motel (het)	[mɔ'tɛl]

3 étoiles	**3-sterren**	[dri-'stɛrən]
5 étoiles	**5-sterren**	[vɛjf-'stɛrən]
descendre (à l'hôtel)	**overnachten**	[ɔvər'naxtən]

chambre (f)	**kamer (de)**	['kamər]
chambre (f) simple	**eenpersoonskamer (de)**	[ēnpɛr'sōns·'kamər]
chambre (f) double	**tweepersoonskamer (de)**	[twē·pɛr'sōns·'kamər]
réserver une chambre	**een kamer reserveren**	[en 'kamər rezər'verən]

demi-pension (f)	**halfpension (het)**	[half·pɛn'ʃɔn]
pension (f) complète	**volpension (het)**	['vɔl·pɛn'ʃɔn]

avec une salle de bain	**met badkamer**	[mɛt 'batkamər]
avec une douche	**met douche**	[mɛt 'duʃ]
télévision (f) par satellite	**satelliet-tv (de)**	[satə'lit-te've]
climatiseur (m)	**airconditioner (de)**	[ɛr·kɔn'diʃənər]
serviette (f)	**handdoek (de)**	['handuk]
clé (f)	**sleutel (de)**	['sløtəl]

administrateur (m)	**administrateur (de)**	[atministra'tør]
femme (f) de chambre	**kamermeisje (het)**	['kamər·'mɛjɕə]
porteur (m)	**piccolo (de)**	['pikɔlɔ]
portier (m)	**portier (de)**	[pɔ'rtīr]

restaurant (m)	**restaurant (het)**	[rɛstɔ'rant]
bar (m)	**bar (de)**	[bar]
petit déjeuner (m)	**ontbijt (het)**	[ɔn'bɛjt]
dîner (m)	**avondeten (het)**	['avɔntetən]
buffet (m)	**buffet (het)**	[bʉ'fɛt]

hall (m)	**hal (de)**	[hal]
ascenseur (m)	**lift (de)**	[lift]

PRIÈRE DE NE PAS DÉRANGER	**NIET STOREN**	[nit 'stɔrən]
DÉFENSE DE FUMER	**VERBODEN TE ROKEN!**	[vər'bɔdən tə 'rɔkən]

22. Le tourisme

monument (m)	**monument (het)**	[mɔnʉ'mɛnt]
forteresse (f)	**vesting (de)**	['vɛstiŋ]
palais (m)	**paleis (het)**	[pa'lɛjs]
château (m)	**kasteel (het)**	[kas'tēl]
tour (f)	**toren (de)**	['tɔrən]
mausolée (m)	**mausoleum (het)**	[mauzɔ'leum]

architecture (f)	**architectuur (de)**	[arʃitɛk'tūr]
médiéval (adj)	**middeleeuws**	['midəlēws]
ancien (adj)	**oud**	['aut]
national (adj)	**nationaal**	[natsjɔ'nāl]

connu (adj)	**bekend**	[bə'kɛnt]
touriste (m)	**toerist (de)**	[tu'rist]
guide (m) (personne)	**gids (de)**	[xits]
excursion (f)	**rondleiding (de)**	['rɔntlɛjdiŋ]
montrer (vt)	**tonen**	['tɔnən]
raconter (une histoire)	**vertellen**	[vər'tɛlən]
trouver (vt)	**vinden**	['vindən]
se perdre (vp)	**verdwalen**	[vərd'walən]
plan (m) (du metro, etc.)	**plattegrond (de)**	['platə·xrɔnt]
carte (f) (de la ville, etc.)	**plattegrond (de)**	['platə·xrɔnt]
souvenir (m)	**souvenir (het)**	[suve'nir]
boutique (f) de souvenirs	**souvenirwinkel (de)**	[suve'nir·'winkəl]
prendre en photo	**foto's maken**	['fotɔs 'makən]
se faire prendre en photo	**zich laten fotograferen**	[zih 'latən fotɔxra'ferən]

LES TRANSPORTS

23. L'aéroport
24. L'avion
25. Le train
26. Le bateau

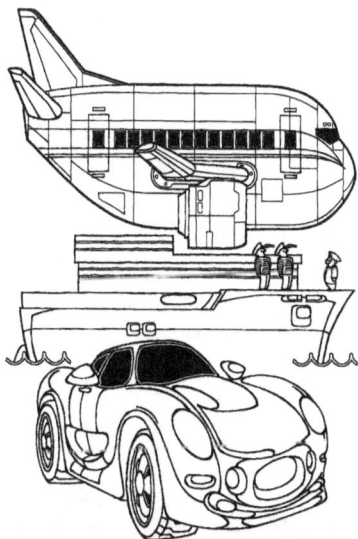

T&P Books Publishing

aéroport (m)	**luchthaven (de)**	['lʉxthavən]
avion (m)	**vliegtuig (het)**	['vlixtœʏx]
compagnie (f) aérienne	**luchtvaart-maatschappij (de)**	['lʉxtvārt mātsxa'pɛj]
contrôleur (m) aérien	**luchtverkeersleider (de)**	['lʉxt·verkērs·'lɛjdər]
départ (m)	**vertrek (het)**	[vər'trɛk]
arrivée (f)	**aankomst (de)**	['ānkɔmst]
arriver (par avion)	**aankomen**	['ānkɔmən]
temps (m) de départ	**vertrektijd (de)**	[vər'trɛk·tɛjt]
temps (m) d'arrivée	**aankomstuur (het)**	['ānkɔmst·'ūr]
être retardé	**vertraagd zijn**	[vər'trāxt zɛjn]
retard (m) de l'avion	**vluchtvertraging (de)**	['vlʉxt·vərt'raxiŋ]
tableau (m) d'informations	**informatiebord (het)**	[infɔr'matsi·bɔrt]
information (f)	**informatie (de)**	[infɔr'matsi]
annoncer (vt)	**aankondigen**	['ānkɔndəxən]
vol (m)	**vlucht (de)**	[vlʉxt]
douane (f)	**douane (de)**	[du'anə]
douanier (m)	**douanier (de)**	[dua'njē]
déclaration (f) de douane	**douaneaangifte (de)**	[du'anə·'ānxiftə]
remplir (vt)	**invullen**	['invʉlən]
remplir la déclaration	**een douaneaangifte invullen**	[en du'anə·'ānxiftə 'invʉlən]
contrôle (m) de passeport	**paspoortcontrole (de)**	['paspōrt·kɔn'trɔlə]
bagage (m)	**bagage (de)**	[ba'xaʒə]
bagage (m) à main	**handbagage (de)**	[hant·ba'xaʒə]
chariot (m)	**bagagekarretje (het)**	[ba'xaʒə·'karɛtʃə]
atterrissage (m)	**landing (de)**	['landiŋ]
piste (f) d'atterrissage	**landingsbaan (de)**	['landiŋs·bān]
atterrir (vi)	**landen**	['landən]
escalier (m) d'avion	**vliegtuigtrap (de)**	['vlixtœʏx·trap]
enregistrement (m)	**inchecken (het)**	['intʃɛkən]
comptoir (m) d'enregistrement	**incheckbalie (de)**	['intʃɛk·'bali]
s'enregistrer (vp)	**inchecken**	['intʃɛkən]
carte (f) d'embarquement	**instapkaart (de)**	['instap·kārt]

porte (f) d'embarquement	gate (de)	[gejt]
transit (m)	transit (de)	['transit]
attendre (vt)	wachten	['waxtən]
salle (f) d'attente	wachtzaal (de)	['waxt·zãl]
raccompagner (à l'aéroport, etc.)	begeleiden	[bəxə'lɛjdən]
dire au revoir	afscheid nemen	['afsxɛjt 'nemən]

24. L'avion

avion (m)	vliegtuig (het)	['vlixtœʏx]
billet (m) d'avion	vliegticket (het)	['vlix·'tikət]
compagnie (f) aérienne	luchtvaart-maatschappij (de)	['lʉxtvãrt mãtsxa'pɛj]
aéroport (m)	luchthaven (de)	['lʉxthavən]
supersonique (adj)	supersonisch	[sʉpər'sɔnis]
commandant (m) de bord	gezagvoerder (de)	[xəzax·'vurdər]
équipage (m)	bemanning (de)	[bə'maniŋ]
pilote (m)	piloot (de)	[pi'lõt]
hôtesse (f) de l'air	stewardess (de)	[stʉwər'dɛs]
navigateur (m)	stuurman (de)	['stʉrman]
ailes (f pl)	vleugels	['vløxəls]
queue (f)	staart (de)	[stãrt]
cabine (f)	cabine (de)	[ka'binə]
moteur (m)	motor (de)	['mɔtor]
train (m) d'atterrissage	landingsgestel (het)	['landiŋs·xə'stɛl]
turbine (f)	turbine (de)	[tʉr'binə]
hélice (f)	propeller (de)	[prɔ'pelər]
boîte (f) noire	zwarte doos (de)	['zwartə dõs]
gouvernail (m)	stuur (het)	[stʉr]
carburant (m)	brandstof (de)	['brandstɔf]
consigne (f) de sécurité	veiligheidskaart (de)	['vɛjləxhɛjts·kãrt]
masque (m) à oxygène	zuurstofmasker (het)	['zʉrstɔf·'maskər]
uniforme (m)	uniform (het)	['junifɔrm]
gilet (m) de sauvetage	reddingsvest (de)	['rɛdiŋs·vɛst]
parachute (m)	parachute (de)	[para'ʃʉtə]
décollage (m)	opstijgen (het)	['ɔpstɛjxən]
décoller (vi)	opstijgen	['ɔpstɛjxən]
piste (f) de décollage	startbaan (de)	['start·bãn]
visibilité (f)	zicht (het)	[zixt]
vol (m) (~ d'oiseau)	vlucht (de)	[vlʉxt]
altitude (f)	hoogte (de)	['hõxtə]
trou (m) d'air	luchtzak (de)	['lʉxt·zak]
place (f)	plaats (de)	[plãts]

écouteurs (m pl)	koptelefoon (de)	['kɔp·tele'fōn]
tablette (f)	tafeltje (het)	['tafɛltʃə]
hublot (m)	venster (het)	['vɛnstər]
couloir (m)	gangpad (het)	['haŋpat]

25. Le train

train (m)	trein (de)	[trɛjn]
train (m) de banlieue	elektrische trein (de)	[ɛ'lɛktrisə trɛjn]
TGV (m)	sneltrein (de)	['snɛl·trɛjn]
locomotive (f) diesel	diesellocomotief (de)	['dizəl·lɔkɔmɔ'tif]
locomotive (f) à vapeur	stoomlocomotief (de)	[stōm·lɔkɔmɔ'tif]
wagon (m)	rijtuig (het)	['rɛjtœɣx]
wagon-restaurant (m)	restauratierijtuig (het)	[rɛstɔ'ratsi·'rɛjtœɣx]
rails (m pl)	rails	['rɛjls]
chemin (m) de fer	spoorweg (de)	['spōr·wɛx]
traverse (f)	dwarsligger (de)	['dwars·lixə]
quai (m)	perron (het)	[pɛ'rɔn]
voie (f)	spoor (het)	[spōr]
sémaphore (m)	semafoor (de)	[səma'fōr]
station (f)	halte (de)	['haltə]
conducteur (m) de train	machinist (de)	[maʃi'nist]
porteur (m)	kruier (de)	['krœyər]
steward (m)	conducteur (de)	[kɔndʉk'tør]
passager (m)	passagier (de)	[pasa'xir]
contrôleur (m) de billets	controleur (de)	[kɔntrɔ'lør]
couloir (m)	gang (de)	[xaŋ]
frein (m) d'urgence	noodrem (de)	['nōd·rɛm]
compartiment (m)	coupé (de)	[ku'pɛ]
couchette (f)	bed (het)	[bɛt]
couchette (f) d'en haut	bovenste bed (het)	['bovənstə bɛt]
couchette (f) d'en bas	onderste bed (het)	['ɔndərstə bɛt]
linge (m) de lit	beddengoed (het)	['bɛdən·xut]
ticket (m)	kaartje (het)	['kārtʃə]
horaire (m)	dienstregeling (de)	[dinst·'rexəliŋ]
tableau (m) d'informations	informatiebord (het)	[infɔr'matsi·bɔrt]
partir (vi)	vertrekken	[vər'trɛkən]
départ (m) (du train)	vertrek (het)	[vər'trɛk]
arriver (le train)	aankomen	['ānkɔmən]
arrivée (f)	aankomst (de)	['ānkɔmst]
arriver en train	aankomen per trein	['ānkɔmən pɛr trɛjn]
prendre le train	in de trein stappen	[in də 'trɛjn 'stapən]

descendre du train	uit de trein stappen	['œyt də 'trɛjn 'stapən]
accident (m) ferroviaire	treinwrak (het)	['trɛjn·wrak]
dérailler (vi)	ontspoord zijn	[ɔnt'spõrt zɛjn]
locomotive (f) à vapeur	stoomlocomotief (de)	[stõm·lɔkɔmɔ'tif]
chauffeur (m)	stoker (de)	['stɔkər]
chauffe (f)	stookplaats (de)	['stõk·plãts]
charbon (m)	steenkool (de)	['stẽn·kõl]

26. Le bateau

bateau (m)	schip (het)	[sxip]
navire (m)	vaartuig (het)	['vãrtœɣx]
bateau (m) à vapeur	stoomboot (de)	['stõm·bõt]
paquebot (m)	motorschip (het)	['mɔtɔr·sxip]
bateau (m) de croisière	lijnschip (het)	['lɛjn·sxip]
croiseur (m)	kruiser (de)	['krœysər]
yacht (m)	jacht (het)	[jaxt]
remorqueur (m)	sleepboot (de)	['slẽp·bõt]
péniche (f)	duwbak (de)	['dʉwbak]
ferry (m)	ferryboot (de)	['fɛri·bõt]
voilier (m)	zeilboot (de)	['zɛjl·bõt]
brigantin (m)	brigantijn (de)	[brixan'tɛjn]
brise-glace (m)	ijsbreker (de)	['ɛjs·brekər]
sous-marin (m)	duikboot (de)	['dœɣk·bõt]
canot (m) à rames	boot (de)	[bõt]
dinghy (m)	sloep (de)	[slup]
canot (m) de sauvetage	reddingssloep (de)	['rɛdiŋs·slup]
canot (m) à moteur	motorboot (de)	['mɔtɔr·bõt]
capitaine (m)	kapitein (de)	[kapi'tɛjn]
matelot (m)	zeeman (de)	['zẽman]
marin (m)	matroos (de)	[ma'trõs]
équipage (m)	bemanning (de)	[bə'maniŋ]
maître (m) d'équipage	bootsman (de)	['bõtsman]
mousse (m)	scheepsjongen (de)	['sxẽps·'jɔŋən]
cuisinier (m) du bord	kok (de)	[kɔk]
médecin (m) de bord	scheepsarts (de)	['sxẽps·arts]
pont (m)	dek (het)	[dɛk]
mât (m)	mast (de)	[mast]
voile (f)	zeil (hot)	[zɛjl]
cale (f)	ruim (het)	[rœɣm]
proue (f)	voorsteven (de)	['võrstevən]

poupe (f)	**achtersteven (de)**	['axtər·stevən]
rame (f)	**roeispaan (de)**	['rujs·pān]
hélice (f)	**schroef (de)**	[sxruf]
cabine (f)	**kajuit (de)**	[kajœyt]
carré (m) des officiers	**officierskamer (de)**	[ɔfi'sir·'kamər]
salle (f) des machines	**machinekamer (de)**	[ma'ʃinə·'kamər]
passerelle (f)	**brug (de)**	[brʉx]
cabine (f) de T.S.F.	**radiokamer (de)**	['radiɔ·'kamər]
onde (f)	**radiogolf (de)**	['radiɔ·xɔlf]
journal (m) de bord	**logboek (het)**	['lɔxbuk]
longue-vue (f)	**verrekijker (de)**	['vɛrəkɛjkər]
cloche (f)	**klok (de)**	[klɔk]
pavillon (m)	**vlag (de)**	[vlax]
grosse corde (f) tressée	**kabel (de)**	['kabəl]
nœud (m) marin	**knoop (de)**	[knõp]
rampe (f)	**leuning (de)**	['løniŋ]
passerelle (f)	**trap (de)**	[trap]
ancre (f)	**anker (het)**	['ankər]
lever l'ancre	**het anker lichten**	[ət 'ankər 'lixtən]
jeter l'ancre	**het anker neerlaten**	[ət 'ankər 'nẽrlatən]
chaîne (f) d'ancrage	**ankerketting (de)**	['ankər·'ketiŋ]
port (m)	**haven (de)**	['havən]
embarcadère (m)	**kaai (de)**	[kāj]
accoster (vi)	**aanleggen**	['ānlexən]
larguer les amarres	**wegvaren**	['wɛxvarən]
voyage (m) (à l'étranger)	**reis (de)**	[rɛjs]
croisière (f)	**cruise (de)**	[krus]
cap (m) (suivre un ~)	**koers (de)**	[kurs]
itinéraire (m)	**route (de)**	['rutə]
chenal (m)	**vaarwater (het)**	['vār·watər]
bas-fond (m)	**zandbank (de)**	['zant·bank]
échouer sur un bas-fond	**stranden**	['strandən]
tempête (f)	**storm (de)**	[stɔrm]
signal (m)	**signaal (het)**	[si'njāl]
sombrer (vi)	**zinken**	['zinkən]
Un homme à la mer!	**Man overboord!**	[man ɔvər'bõrt]
SOS (m)	**SOS**	[ɛs ɔ ɛs]
bouée (f) de sauvetage	**reddingsboei (de)**	['rɛdiŋs·bui]

LA VILLE

27. Les transports en commun
28. La ville. La vie urbaine
29. Les institutions urbaines
30. Les enseignes. Les panneaux
31. Le shopping

T&P Books Publishing

autobus (m)	bus, autobus (de)	[bʉs], ['autɔbʉs]
tramway (m)	tram (de)	[trɛm]
trolleybus (m)	trolleybus (de)	['trɔlibʉs]
itinéraire (m)	route (de)	['rutə]
numéro (m)	nummer (het)	['nʉmər]
prendre ...	rijden met ...	['rɛjdən mɛt]
monter (dans l'autobus)	stappen	['stapən]
descendre de ...	afstappen	['afstapən]
arrêt (m)	halte (de)	['haltə]
arrêt (m) prochain	volgende halte (de)	['vɔlxəndə 'haltə]
terminus (m)	eindpunt (het)	['ɛjnt·pʉnt]
horaire (m)	dienstregeling (de)	[dinst·'rexəliŋ]
attendre (vt)	wachten	['waxtən]
ticket (m)	kaartje (het)	['kãrtʃə]
prix (m) du ticket	reiskosten (de)	['rɛjs·kɔstən]
caissier (m)	kassier (de)	[ka'sir]
contrôle (m) des tickets	kaartcontrole (de)	['kãrt·kɔn'trɔlə]
contrôleur (m)	controleur (de)	[kɔntrɔ'lør]
être en retard	te laat zijn	[tə 'lãt zɛjn]
rater (~ le train)	missen (de bus ~)	['misən]
se dépêcher	zich haasten	[zix 'hãstən]
taxi (m)	taxi (de)	['taksi]
chauffeur (m) de taxi	taxichauffeur (de)	['taksi·ʃo'før]
en taxi	met de taxi	[mɛt də 'taksi]
arrêt (m) de taxi	taxistandplaats (de)	['taksi·'stant·plãts]
appeler un taxi	een taxi bestellen	[en 'taksi bə'stɛlən]
prendre un taxi	een taxi nemen	[en 'taksi 'nemən]
trafic (m)	verkeer (het)	[vər'kẽr]
embouteillage (m)	file (de)	['filə]
heures (f pl) de pointe	spitsuur (het)	['spits·ūr]
se garer (vp)	parkeren	[par'kerən]
garer (vt)	parkeren	[par'kerən]
parking (m)	parking (de)	['parkiŋ]
métro (m)	metro (de)	['metrɔ]
station (f)	halte (de)	['haltə]
prendre le métro	de metro nemen	[də 'metrɔ 'nemən]

| train (m) | trein (de) | [trɛjn] |
| gare (f) | station (het) | [sta'tsjɔn] |

28. La ville. La vie urbaine

ville (f)	stad (de)	[stat]
capitale (f)	hoofdstad (de)	['hōft·stat]
village (m)	dorp (het)	[dɔrp]

plan (m) de la ville	plattegrond (de)	['platə·xrɔnt]
centre-ville (m)	centrum (het)	['sɛntrʊm]
banlieue (f)	voorstad (de)	['vōrstat]
de banlieue (adj)	voorstads-	['vōrstats]

périphérie (f)	randgemeente (de)	['rant·xəmēntə]
alentours (m pl)	omgeving (de)	[ɔm'xeviŋ]
quartier (m)	blok (het)	[blɔk]
quartier (m) résidentiel	woonwijk (de)	['wōnvɛjk]

trafic (m)	verkeer (het)	[vər'kēr]
feux (m pl) de circulation	verkeerslicht (het)	[vər'kērs·lixt]
transport (m) urbain	openbaar vervoer (het)	[ɔpən'bār vər'vur]
carrefour (m)	kruispunt (het)	['krœys·pynt]

passage (m) piéton	zebrapad (het)	['zɛbra·pat]
passage (m) souterrain	onderdoorgang (de)	['ɔndər·'dōrxaŋ]
traverser (vt)	oversteken	[ɔvər'stekən]
piéton (m)	voetganger (de)	['vutxaŋər]
trottoir (m)	trottoir (het)	[trɔtu'ar]

pont (m)	brug (de)	[brʉx]
quai (m)	dijk (de)	[dɛjk]
fontaine (f)	fontein (de)	[fɔn'tɛjn]

allée (f)	allee (de)	[a'lē]
parc (m)	park (het)	[park]
boulevard (m)	boulevard (de)	[bulə'var]
place (f)	plein (het)	[plɛjn]
avenue (f)	laan (de)	[lān]
rue (f)	straat (de)	[strāt]
ruelle (f)	zijstraat (de)	['zɛj·strāt]
impasse (f)	doodlopende straat (de)	[dōd'lɔpəndə strāt]

maison (f)	huis (het)	['hœys]
édifice (m)	gebouw (het)	[xə'bau]
gratte-ciel (m)	wolkenkrabber (de)	['wɔlkən·'krabər]

façade (f)	gevel (de)	['xevəl]
toit (m)	dak (het)	[dak]
fenêtre (f)	venster (het)	['vɛnstər]

arc (m)	boog (de)	[bōx]
colonne (f)	pilaar (de)	[pi'lãr]
coin (m)	hoek (de)	[huk]

vitrine (f)	vitrine (de)	[vit'rinə]
enseigne (f)	gevelreclame (de)	['xevəl·re'klamə]
affiche (f)	affiche (de/het)	[a'fiʃə]
affiche (f) publicitaire	reclameposter (de)	[re'klamə·'postər]
panneau-réclame (m)	aanplakbord (het)	['ãnplak·'bort]

ordures (f pl)	vuilnis (de/het)	['vœylnis]
poubelle (f)	vuilnisbak (de)	['vœylnis·bak]
jeter à terre	afval weggooien	['afval 'wɛxōjən]
décharge (f)	stortplaats (de)	['stort·plãts]

cabine (f) téléphonique	telefooncel (de)	[telə'fōn·səl]
réverbère (m)	straatlicht (het)	['strãt·lixt]
banc (m)	bank (de)	[bank]

policier (m)	politieagent (de)	[pɔ'litsi·a'xɛnt]
police (f)	politie (de)	[pɔ'litsi]
clochard (m)	zwerver (de)	['zwɛrvər]
sans-abri (m)	dakloze (de)	[dak'lozə]

29. Les institutions urbaines

magasin (m)	winkel (de)	['winkəl]
pharmacie (f)	apotheek (de)	[apo'tēk]
opticien (m)	optiek (de)	[ɔp'tik]
centre (m) commercial	winkelcentrum (het)	['winkəl·'sɛntrʉm]
supermarché (m)	supermarkt (de)	['sʉpərmarkt]

boulangerie (f)	bakkerij (de)	['bakərɛj]
boulanger (m)	bakker (de)	['bakər]
pâtisserie (f)	banketbakkerij (de)	[ban'ket·bakə'rɛj]
épicerie (f)	kruidenier (de)	[krœydə'nir]
boucherie (f)	slagerij (de)	[slaxə'rɛj]

| magasin (m) de légumes | groentewinkel (de) | ['xrʉntə·'winkəl] |
| marché (m) | markt (de) | [markt] |

salon (m) de café	koffiehuis (het)	['kɔfi·hœys]
restaurant (m)	restaurant (het)	[rɛsto'rant]
brasserie (f)	bar (de)	[bar]
pizzeria (f)	pizzeria (de)	[pitsə'rija]

salon (m) de coiffure	kapperssalon (de/het)	['kapərs·sa'lɔn]
poste (f)	postkantoor (het)	[post·kan'tōr]
pressing (m)	stomerij (de)	[stɔmɛ'rɛj]
atelier (m) de photo	fotostudio (de)	[foto·'stʉdiɔ]

magasin (m) de chaussures	schoenwinkel (de)	['sxun·'winkəl]
librairie (f)	boekhandel (de)	['bukən·'handəl]
magasin (m) d'articles de sport	sportwinkel (de)	['sport·'winkəl]
atelier (m) de retouche	kledingreparatie (de)	['klediŋ·repa'ratsi]
location (f) de vêtements	kledingverhuur (de)	['klediŋ·vər'hür]
location (f) de films	videotheek (de)	[video'tēk]
cirque (m)	circus (de/het)	['sirkʉs]
zoo (m)	dierentuin (de)	['dīrən·tœyn]
cinéma (m)	bioscoop (de)	[biɔ'skōp]
musée (m)	museum (het)	[mʉ'zejum]
bibliothèque (f)	bibliotheek (de)	[biblio'tēk]
théâtre (m)	theater (het)	[te'atər]
opéra (m)	opera (de)	['ɔpəra]
boîte (f) de nuit	nachtclub (de)	['naxt·klʉp]
casino (m)	casino (het)	[ka'sinɔ]
mosquée (f)	moskee (de)	[mɔs'kē]
synagogue (f)	synagoge (de)	[sina'xɔxə]
cathédrale (f)	kathedraal (de)	[kate'drāl]
temple (m)	tempel (de)	['tɛmpəl]
église (f)	kerk (de)	[kɛrk]
institut (m)	instituut (het)	[insti'tūt]
université (f)	universiteit (de)	[junivɛrsi'tɛjt]
école (f)	school (de)	[sxōl]
préfecture (f)	gemeentehuis (het)	[xə'mēntə·hœys]
mairie (f)	stadhuis (het)	['stat·hœys]
hôtel (m)	hotel (het)	[hɔ'tɛl]
banque (f)	bank (de)	[bank]
ambassade (f)	ambassade (de)	[amba'sadə]
agence (f) de voyages	reisbureau (het)	[rɛjs·bʉ'rɔ]
bureau (m) d'information	informatieloket (het)	[infɔr'matsi·lɔ'kɛt]
bureau (m) de change	wisselkantoor (het)	['wisəl·kan'tōr]
métro (m)	metro (de)	['metrɔ]
hôpital (m)	ziekenhuis (het)	['zikən·hœys]
station-service (f)	benzinestation (het)	[bɛn'zinə·sta'tsjɔn]
parking (m)	parking (de)	['parkiŋ]

30. Les enseignes. Les panneaux

enseigne (f)	gevelreclame (de)	['xevəl·re'klamə]
pancarte (f)	opschrift (het)	['ɔpsxrift]

poster (m)	**poster (de)**	['postər]
indicateur (m) de direction	**wegwijzer (de)**	['wɛx·wɛjzər]
flèche (f)	**pijl (de)**	[pɛjl]
avertissement (m)	**waarschuwing (de)**	['wãrsxjuviŋ]
panneau d'avertissement	**waarschuwings-bord (het)**	['wãrsxjuviŋs bɔrt]
avertir (vt)	**waarschuwen**	['wãrsxjuvən]
jour (m) de repos	**vrije dag (de)**	['vrɛjə dax]
horaire (m)	**dienstregeling (de)**	[dinst·'rexəliŋ]
heures (f pl) d'ouverture	**openingsuren**	['ɔpəniŋs·ʉrən]
BIENVENUE!	**WELKOM!**	['wɛlkɔm]
ENTRÉE	**INGANG**	['inxaŋ]
SORTIE	**UITGANG**	['œʏtxaŋ]
POUSSER	**DUWEN**	['dʉwən]
TIRER	**TREKKEN**	['trɛkən]
OUVERT	**OPEN**	['ɔpən]
FERMÉ	**GESLOTEN**	[xə'slotən]
FEMMES	**DAMES**	['daməs]
HOMMES	**HEREN**	['herən]
RABAIS	**KORTING**	['kɔrtiŋ]
SOLDES	**UITVERKOOP**	['œʏtverkōp]
NOUVEAU!	**NIEUW!**	[niu]
GRATUIT	**GRATIS**	['xratis]
ATTENTION!	**PAS OP!**	[pas 'ɔp]
COMPLET	**VOLGEBOEKT**	['vɔlxəbukt]
RÉSERVÉ	**GERESERVEERD**	[xərezər'vērt]
ADMINISTRATION	**ADMINISTRATIE**	[atminist'ratsi]
RÉSERVÉ AU PERSONNEL	**ALLEEN VOOR PERSONEEL**	[a'lēn vōr pərsɔ'nēl]
ATTENTION CHIEN MÉCHANT	**GEVAARLIJKE HOND**	[xe'vãrləkə hɔnt]
DÉFENSE DE FUMER	**VERBODEN TE ROKEN!**	[vər'bodən tə 'rokən]
PRIÈRE DE NE PAS TOUCHER	**NIET AANRAKEN!**	[nit ãn'rakən]
DANGEREUX	**GEVAARLIJK**	[xe'vãrlək]
DANGER	**GEVAAR**	[xe'vãr]
HAUTE TENSION	**HOOGSPANNING**	[hōh·'spaniŋ]
BAIGNADE INTERDITE	**VERBODEN TE ZWEMMEN**	[vər'bodən tə 'zwɛmən]
HORS SERVICE	**BUITEN GEBRUIK**	['bœʏtən xəbrœʏk]
INFLAMMABLE	**ONTVLAMBAAR**	[ɔnt'flambãr]
INTERDIT	**VERBODEN**	[vər'bodən]

PASSAGE INTERDIT	**DOORGANG VERBODEN**	['dōrxaŋ vər'bodən]
PEINTURE FRAÎCHE	**OPGELET**	[ɔpxe'lɛt
	PAS GEVERFD	pas xə'verft]

31. Le shopping

acheter (vt)	**kopen**	['kɔpən]
achat (m)	**aankoop (de)**	['ānkɔp]
faire des achats	**winkelen**	['winkelən]
shopping (m)	**winkelen (het)**	['winkelən]

| être ouvert | **open zijn** | ['ɔpən zɛjn] |
| être fermé | **gesloten zijn** | [xə'slotən zɛjn] |

chaussures (f pl)	**schoeisel (het)**	['sxuisəl]
vêtement (m)	**kleren (mv.)**	['klerən]
produits (m pl) de beauté	**cosmetica (mv.)**	[kɔs'metika]
produits (m pl) alimentaires	**voedingswaren**	['vudiŋs·warən]
cadeau (m)	**geschenk (het)**	[xə'sxɛnk]

| vendeur (m) | **verkoper (de)** | [vər'kɔpər] |
| vendeuse (f) | **verkoopster (de)** | [vər'kōpstər] |

caisse (f)	**kassa (de)**	['kasa]
miroir (m)	**spiegel (de)**	['spixəl]
comptoir (m)	**toonbank (de)**	['tōn·bank]
cabine (f) d'essayage	**paskamer (de)**	['pas·kamər]

essayer (robe, etc.)	**aanpassen**	['ānpasən]
aller bien (robe, etc.)	**passen**	['pasən]
plaire (être apprécié)	**bevallen**	[bə'valən]

prix (m)	**prijs (de)**	[prɛjs]
étiquette (f) de prix	**prijskaartje (het)**	['prɛjs·'kārtʃə]
coûter (vt)	**kosten**	['kɔstən]
Combien?	**Hoeveel?**	[hu'vēl]
rabais (m)	**korting (de)**	['kortiŋ]

pas cher (adj)	**niet duur**	[nit dūr]
bon marché (adj)	**goedkoop**	[xut'kōp]
cher (adj)	**duur**	[dūr]
C'est cher	**Dat is duur.**	[dat is 'dūr]

location (f)	**verhuur (de)**	[vər'hūr]
louer (une voiture, etc.)	**huren**	['hʉrən]
crédit (m)	**krediet (het)**	[kre'dit]
à crédit (adv)	**op krediet**	[ɔp kre'dit]

LES VÊTEMENTS &
LES ACCESSOIRES

32. Les vêtements d'extérieur
33. Les vêtements
34. Les sous-vêtements
35. Les chapeaux
36. Les chaussures
37. Les accessoires personnels
38. Les vêtements. Divers
39. L'hygiène corporelle.
    Les cosmétiques
40. Les montres. Les horloges

T&P Books Publishing

32. Les vêtements d'extérieur

vêtement (m)	kleren (mv.)	['klerən]
survêtement (m)	bovenkleding (de)	['bovən·'klediŋ]
vêtement (m) d'hiver	winterkleding (de)	['wintər·'klediŋ]
manteau (m)	jas (de)	[jas]
manteau (m) de fourrure	bontjas (de)	[bont jas]
veste (f) de fourrure	bontjasje (het)	[bont 'jaɕə]
manteau (m) de duvet	donzen jas (de)	['dɔnzən jas]
veste (f) (~ en cuir)	jasje (het)	['jaɕə]
imperméable (m)	regenjas (de)	['rexən jas]
imperméable (adj)	waterdicht	['watərdixt]

33. Les vêtements

chemise (f)	overhemd (het)	['ɔvərhɛmt]
pantalon (m)	broek (de)	[bruk]
jean (m)	jeans (de)	[dʒins]
veston (m)	colbert (de)	['kɔlbər]
complet (m)	kostuum (het)	[kɔs'tūm]
robe (f)	jurk (de)	[jurk]
jupe (f)	rok (de)	[rɔk]
chemisette (f)	blouse (de)	['blus]
veste (f) en laine	wollen vest (de)	['wolən vɛst]
jaquette (f), blazer (m)	blazer (de)	['blezər]
tee-shirt (m)	T-shirt (het)	['tiʃøt]
short (m)	shorts	[ʃɔrts]
costume (m) de sport	trainingspak (het)	['trɛjniŋs·pak]
peignoir (m) de bain	badjas (de)	['batjas]
pyjama (m)	pyjama (de)	[pi'jama]
chandail (m)	sweater (de)	['swetər]
pull-over (m)	pullover (de)	[pʉ'lɔvər]
gilet (m)	gilet (het)	[ʒi'lɛt]
queue-de-pie (f)	rokkostuum (het)	[rɔk·kɔs'tūm]
smoking (m)	smoking (de)	['smɔkiŋ]
uniforme (m)	uniform (het)	['junifɔrm]
tenue (f) de travail	werkkleding (de)	['wɛrk·'klediŋ]

| salopette (f) | overall (de) | [ɔvəˈral] |
| blouse (f) (d'un médecin) | doktersjas (de) | [ˈdɔktərs jas] |

34. Les sous-vêtements

sous-vêtements (m pl)	ondergoed (het)	[ˈɔndərxut]
boxer (m)	herenslip (de)	[ˈherən·slip]
slip (m) de femme	slipjes	[ˈslipjes]
maillot (m) de corps	onderhemd (het)	[ˈɔndərhɛmt]
chaussettes (f pl)	sokken	[ˈsɔkən]
chemise (f) de nuit	nachthemd (het)	[ˈnaxthɛmt]
soutien-gorge (m)	beha (de)	[beˈha]
chaussettes (f pl) hautes	kniekousen	[kniˈkausən]
collants (m pl)	panty (de)	[ˈpɛnti]
bas (m pl)	nylonkousen	[ˈnɛjlɔnˈkausən]
maillot (m) de bain	badpak (het)	[ˈbad·pak]

35. Les chapeaux

chapeau (m)	hoed (de)	[hut]
chapeau (m) feutre	deukhoed (de)	[ˈdøkhut]
casquette (f) de base-ball	honkbalpet (de)	[ˈhɔnkbal·ˈpɛt]
casquette (f)	kleppet (de)	[ˈklɛpɛt]
béret (m)	baret (de)	[baˈrɛt]
capuche (f)	kap (de)	[kap]
panama (m)	panamahoed (de)	[paˈnama·hut]
bonnet (m) de laine	gebreide muts (de)	[xəbˈrɛjdə mʉts]
foulard (m)	hoofddoek (de)	[ˈhõftduk]
chapeau (m) de femme	dameshoed (de)	[ˈdaməs·hut]
casque (m) (d'ouvriers)	veiligheidshelm (de)	[ˈvɛjləxhɛjts·hɛlm]
calot (m)	veldmuts (de)	[ˈvɛlt·mʉts]
casque (m) (~ de moto)	helm, valhelm (de)	[hɛlm], [ˈvalhɛlm]
melon (m)	bolhoed (de)	[ˈbolhut]
haut-de-forme (m)	hoge hoed (de)	[ˈhɔxə hut]

36. Les chaussures

chaussures (f pl)	schoeisel (het)	[ˈsxuisəl]
bottines (f pl)	schoenen	[ˈsxunən]
souliers (m pl) (~ plats)	vrouwenschoenen	[ˈvrauwən·ˈsxunən]
bottes (f pl)	laarzen	[ˈlãrzən]

chaussons (m pl)	**pantoffels**	[pan'tofəls]
tennis (m pl)	**sportschoenen**	['sport·'sxunən]
baskets (f pl)	**sneakers**	['snikərs]
sandales (f pl)	**sandalen**	[san'dalən]

cordonnier (m)	**schoenlapper (de)**	['sxun·'lapər]
talon (m)	**hiel (de)**	[hil]
paire (f)	**paar (het)**	[pãr]

lacet (m)	**veter (de)**	['vetər]
lacer (vt)	**rijgen**	['rɛjxən]
chausse-pied (m)	**schoenlepel (de)**	['sxun·'lepəl]
cirage (m)	**schoensmeer (de/het)**	['sxun·smēr]

37. Les accessoires personnels

gants (m pl)	**handschoenen**	['xand 'sxunən]
moufles (f pl)	**wanten**	['wantən]
écharpe (f)	**sjaal (de)**	[çãl]

lunettes (f pl)	**bril (de)**	[bril]
monture (f)	**brilmontuur (het)**	[bril·mɔn'tūr]
parapluie (m)	**paraplu (de)**	[parap'lʉ]
canne (f)	**wandelstok (de)**	['wandəl·stɔk]
brosse (f) à cheveux	**haarborstel (de)**	[hãr·'bɔrstəl]
éventail (m)	**waaier (de)**	['wãjər]

cravate (f)	**das (de)**	[das]
nœud papillon (m)	**strikje (het)**	['strikjə]
bretelles (f pl)	**bretels**	[brə'tɛls]
mouchoir (m)	**zakdoek (de)**	['zagduk]

peigne (m)	**kam (de)**	[kam]
barrette (f)	**haarspeldje (het)**	[hãr·'spɛldjə]
épingle (f) à cheveux	**schuifspeldje (het)**	['sxœyf·'spɛldjə]
boucle (f)	**gesp (de)**	[xɛsp]

| ceinture (f) | **broekriem (de)** | ['bruk·rim] |
| bandoulière (f) | **draagriem (de)** | ['drãx·rim] |

sac (m)	**handtas (de)**	['hand·tas]
sac (m) à main	**damestas (de)**	['daməs·tas]
sac (m) à dos	**rugzak (de)**	['rʉxzak]

38. Les vêtements. Divers

| mode (f) | **mode (de)** | ['mɔdə] |
| à la mode (adj) | **de mode** | [də 'mɔdə] |

couturier, créateur de mode	kledingstilist (de)	['klediŋ·sti'list]

col (m)	kraag (de)	[krāx]
poche (f)	zak (de)	[zak]
de poche (adj)	zak-	[zak]
manche (f)	mouw (de)	['mau]
bride (f)	lusje (het)	['lʉɕə]
braguette (f)	gulp (de)	[xjulp]

fermeture (f) à glissière	rits (de)	[rits]
agrafe (f)	sluiting (de)	['slœʏtiŋ]
bouton (m)	knoop (de)	[knōp]
boutonnière (f)	knoopsgat (het)	['knōps·xat]
s'arracher (bouton)	losraken	[lɔs'rakən]

coudre (vi, vt)	naaien	['nājən]
broder (vt)	borduren	[bɔr'dʉrən]
broderie (f)	borduursel (het)	[bɔr'dūrsəl]
aiguille (f)	naald (de)	[nālt]
fil (m)	draad (de)	[drāt]
couture (f)	naad (de)	[nāt]

se salir (vp)	vies worden	[vis 'wordən]
tache (f)	vlek (de)	[vlɛk]
se froisser (vp)	gekreukt raken	[xə'krøkt 'rakən]
déchirer (vt)	scheuren	['sxørən]
mite (f)	mot (de)	[mɔt]

39. L'hygiène corporelle. Les cosmétiques

dentifrice (m)	tandpasta (de)	['tand·pasta]
brosse (f) à dents	tandenborstel (de)	['tandən·'bɔrstəl]
se brosser les dents	tanden poetsen	['tandən 'putsən]

rasoir (m)	scheermes (het)	['sxēr·mɛs]
crème (f) à raser	scheerschuim (het)	[sxēr·sxœʏm]
se raser (vp)	zich scheren	[zix 'sxerən]

savon (m)	zeep (de)	[zēp]
shampooing (m)	shampoo (de)	['ʃʌmpō]

ciseaux (m pl)	schaar (de)	[sxār]
lime (f) à ongles	nagelvijl (de)	['naxəl·vɛjl]
pinces (f pl) à ongles	nagelknipper (de)	['naxəl·'knipər]
pince (f) à épiler	pincet (het)	[pin'sɛt]

produits (m pl) de beauté	cosmetica (mv.)	[kɔs'metika]
masque (m) de beauté	masker (het)	['maskər]
manucure (f)	manicure (de)	[mani'kʉrə]
se faire les ongles	manicure doen	[mani'kʉrə dun]

pédicurie (f)	pedicure (de)	[pedi'kʉrə]
trousse (f) de toilette	cosmetica tasje (het)	[kɔs'metika 'taçə]
poudre (f)	poeder (de/het)	['pudər]
poudrier (m)	poederdoos (de)	['pudər·dõs]
fard (m) à joues	rouge (de)	['ruʒə]
parfum (m)	parfum (de/het)	[par'fʉm]
eau (f) de toilette	eau de toilet (de)	[ɔ də tua'lɛt]
lotion (f)	lotion (de)	[lɔt'ʃɔn]
eau de Cologne (f)	eau de cologne (de)	[ɔ də kɔ'lɔnjə]
fard (m) à paupières	oogschaduw (de)	['õx·sxadʉw]
crayon (m) à paupières	oogpotlood (het)	['õx·'pɔtlɔt]
mascara (m)	mascara (de)	[mas'kara]
rouge (m) à lèvres	lippenstift (de)	['lipən·stift]
vernis (m) à ongles	nagellak (de)	['naxəl·lak]
laque (f) pour les cheveux	haarlak (de)	['hãr·lak]
déodorant (m)	deodorant (de)	[deɔdɔ'rant]
crème (f)	crème (de)	[krɛ:m]
crème (f) pour le visage	gezichtscrème (de)	[xə'zihts·krɛ:m]
crème (f) pour les mains	handcrème (de)	[hant·krɛ:m]
crème (f) anti-rides	antirimpelcrème (de)	[anti'rimpəl·krɛ:m]
crème (f) de jour	dagcrème (de)	['dax·krɛ:m]
crème (f) de nuit	nachtcrème (de)	['naxt·krɛ:m]
de jour (adj)	dag-	[dax]
de nuit (adj)	nacht-	[naxt]
tampon (m)	tampon (de)	[tam'pɔn]
papier (m) de toilette	toiletpapier (het)	[tua'lɛt·pa'pir]
sèche-cheveux (m)	föhn (de)	['føn]

40. Les montres. Les horloges

montre (f)	polshorloge (het)	['pɔls·hɔr'lɔʒə]
cadran (m)	wijzerplaat (de)	['wɛjzər·plãt]
aiguille (f)	wijzer (de)	['wɛjzər]
bracelet (m)	metalen horlogeband (de)	[me'talən hɔr'lɔʒə·bant]
bracelet (m) (en cuir)	horlogebandje (het)	[hɔr'lɔʒə·'bandjə]
pile (f)	batterij (de)	[batə'rɛj]
être déchargé	leeg zijn	[lēx zɛjn]
changer de pile	batterij vervangen	[batə'rɛj vər'vaŋən]
avancer (vi)	voorlopen	['võrlopən]
retarder (vi)	achterlopen	['axtərlopən]
pendule (f)	wandklok (de)	['want·klɔk]
sablier (m)	zandloper (de)	['zant·lopər]

cadran (m) solaire	**zonnewijzer (de)**	['zɔnə·wɛjzər]
réveil (m)	**wekker (de)**	['wɛkər]
horloger (m)	**horlogemaker (de)**	[hɔr'lɔʒə·'makər]
réparer (vt)	**repareren**	[repa'rerən]

L'EXPÉRIENCE QUOTIDIENNE

41. L'argent
42. La poste. Les services postaux
43. Les opérations bancaires
44. Le téléphone. La conversation téléphonique
45. Le téléphone portable
46. La papeterie
47. Les langues étrangères

T&P Books Publishing

argent (m)	geld (het)	[xɛlt]
échange (m)	ruil (de)	[rœyl]
cours (m) de change	koers (de)	[kurs]
distributeur (m)	geldautomaat (de)	[xɛlt·autɔ'māt]
monnaie (f)	muntstuk (de)	['mʉntstʉk]
dollar (m)	dollar (de)	['dɔlar]
euro (m)	euro (de)	[ørɔ]
lire (f)	lire (de)	['lirə]
mark (m) allemand	Duitse mark (de)	['dœytsə mark]
franc (m)	frank (de)	[frank]
livre sterling (f)	pond sterling (het)	[pɔnt 'stɛrliŋ]
yen (m)	yen (de)	[jen]
dette (f)	schuld (de)	[sxʉlt]
débiteur (m)	schuldenaar (de)	['sxʉldənār]
prêter (vt)	uitlenen	['œytlənən]
emprunter (vt)	lenen	['lenən]
banque (f)	bank (de)	[bank]
compte (m)	bankrekening (de)	[bank·'rekəniŋ]
verser (dans le compte)	storten	['stɔrtən]
verser dans le compte	op rekening storten	[ɔp 'rekəniŋ 'stɔrtən]
retirer du compte	opnemen	['ɔpnemən]
carte (f) de crédit	kredietkaart (de)	[kre'dit·kārt]
espèces (f pl)	baar geld (het)	[bār 'xɛlt]
chèque (m)	cheque (de)	[ʃɛk]
faire un chèque	een cheque uitschrijven	[en ʃɛk œyt'sxrɛjvən]
chéquier (m)	chequeboekje (het)	[ʃɛk·'bukjə]
portefeuille (m)	portefeuille (de)	[pɔrtə'fœvə]
bourse (f)	geldbeugel (de)	[xɛlt·'bøxəl]
coffre fort (m)	safe (de)	[sef]
héritier (m)	erfgenaam (de)	['ɛrfxənām]
héritage (m)	erfenis (de)	['ɛrfənis]
fortune (f)	fortuin (het)	[fɔr'tœyn]
location (f)	huur (de)	[hūr]
loyer (m) (argent)	huurprijs (de)	['hūr·prɛjs]
louer (prendre en location)	huren	['hʉrən]
prix (m)	prijs (de)	[prɛjs]

| coût (m) | kostprijs (de) | ['kɔstprɛjs] |
| somme (f) | som (de) | [sɔm] |

dépenser (vt)	uitgeven	['œytxevən]
dépenses (f pl)	kosten	['kɔstən]
économiser (vt)	bezuinigen	[bə'zœynəxən]
économe (adj)	zuinig	['zœynəx]

payer (régler)	betalen	[bə'talən]
paiement (m)	betaling (de)	[bə'taliŋ]
monnaie (f) (rendre la ~)	wisselgeld (het)	['wisəl·xɛlt]

impôt (m)	belasting (de)	[bə'lastiŋ]
amende (f)	boete (de)	['butə]
mettre une amende	beboeten	[bə'butən]

42. La poste. Les services postaux

poste (f)	postkantoor (het)	[pɔst·kan'tōr]
courrier (m) (lettres, etc.)	post (de)	[pɔst]
facteur (m)	postbode (de)	['pɔst·bodə]
heures (f pl) d'ouverture	openingsuren	['ɔpəniŋs·ʉrən]

lettre (f)	brief (de)	[brif]
recommandé (m)	aangetekende brief (de)	['ānxə'tekəndə brif]
carte (f) postale	briefkaart (de)	['brif·kārt]
télégramme (m)	telegram (het)	[teləx'ram]
colis (m)	postpakket (het)	[pɔstpa'ket]
mandat (m) postal	overschrijving (de)	[ɔvər'sxrɛjviŋ]

recevoir (vt)	ontvangen	[ɔnt'faŋən]
envoyer (vt)	sturen	['stʉrən]
envoi (m)	verzending (de)	[vər'zɛndiŋ]

adresse (f)	adres (het)	[ad'rɛs]
code (m) postal	postcode (de)	['pɔst·kodə]
expéditeur (m)	verzender (de)	[vər'zɛndər]
destinataire (m)	ontvanger (de)	[ɔnt'faŋər]

| prénom (m) | naam (de) | [nām] |
| nom (m) de famille | achternaam (de) | ['axtər·nām] |

tarif (m)	tarief (het)	[ta'rif]
normal (adj)	standaard	['standārt]
économique (adj)	zuinig	['zœynəx]

poids (m)	gewicht (het)	[xə'wixt]
peser (~ les lettres)	afwegen	['afwexən]
enveloppe (f)	envelop (de)	[ɛnve'lɔp]
timbre (m)	postzegel (de)	['pɔst·zexəl]

| timbrer (vt) | **een postzegel plakken op** | [en pɔst'zexəl 'plakən ɔp] |

43. Les opérations bancaires

| banque (f) | **bank (de)** | [bank] |
| agence (f) bancaire | **bankfiliaal (het)** | [bank·fili'āl] |

| conseiller (m) | **bankbediende (de)** | [bank·bə'dində] |
| gérant (m) | **manager (de)** | ['mɛnədʒər] |

compte (m)	**bankrekening (de)**	[bank·'rekəniŋ]
numéro (m) du compte	**rekeningnummer (het)**	['rekəniŋ·'nʉmər]
compte (m) courant	**lopende rekening (de)**	['lɔpəndə 'rekəniŋ]
compte (m) sur livret	**spaarrekening (de)**	['spār·'rekəniŋ]

ouvrir un compte	**een rekening openen**	[en 'rekəniŋ 'ɔpənən]
clôturer le compte	**de rekening sluiten**	[də 'rekəniŋ slœytən]
verser dans le compte	**op rekening storten**	[ɔp 'rekəniŋ 'stɔrtən]
retirer du compte	**opnemen**	['ɔpnemən]

| dépôt (m) | **storting (de)** | ['stɔrtiŋ] |
| faire un dépôt | **een storting maken** | [en 'stɔrtiŋ 'makən] |

| virement (m) bancaire | **overschrijving (de)** | [ɔvər'sxrɛjviŋ] |
| faire un transfert | **een overschrijving maken** | [en ɔvər'sxrɛjviŋ 'makən] |

| somme (f) | **som (de)** | [sɔm] |
| Combien? | **Hoeveel?** | [hu'vēl] |

| signature (f) | **handtekening (de)** | ['hand·'tekəniŋ] |
| signer (vt) | **ondertekenen** | ['ɔndər'tekənən] |

| carte (f) de crédit | **kredietkaart (de)** | [kre'dit·kārt] |
| code (m) | **code (de)** | ['kɔdə] |

| numéro (m) de carte de crédit | **kredietkaart- nummer (het)** | [kre'dit·kārt 'nʉmər] |
| distributeur (m) | **geldautomaat (de)** | [xɛlt·autɔ'māt] |

chèque (m)	**cheque (de)**	[ʃɛk]
faire un chèque	**een cheque uitschrijven**	[en ʃɛk œyt'sxrɛjvən]
chéquier (m)	**chequeboekje (het)**	[ʃɛk·'bukjə]

crédit (m)	**lening, krediet (de)**	['leniŋ], [kre'dit]
demander un crédit	**een lening aanvragen**	[en 'leniŋ 'ānvraxən]
prendre un crédit	**een lening nemen**	[en 'leniŋ 'nemən]
accorder un crédit	**een lening verlenen**	[en 'leniŋ vər'lenən]
gage (m)	**garantie (de)**	[xa'rantsi]

44. Le téléphone. La conversation téléphonique

téléphone (m)	telefoon (de)	[telə'fõn]
portable (m)	mobieltje (het)	[mɔ'biltʃe]
répondeur (m)	antwoordapparaat (het)	['antwõrt·apa'rāt]
téléphoner, appeler	bellen	['belən]
appel (m)	belletje (het)	['beletʃe]
composer le numéro	een nummer draaien	[en 'nʉmər 'drājən]
Allô!	Hallo!	[ha'lɔ]
demander (~ l'heure)	vragen	['vraxən]
répondre (vi, vt)	antwoorden	['antwõrdən]
entendre (bruit, etc.)	horen	['hɔrən]
bien (adv)	goed	[xut]
mal (adv)	slecht	[slɛxt]
bruits (m pl)	storingen	['stɔriŋən]
récepteur (m)	hoorn (de)	[hõrn]
décrocher (vt)	opnemen	['ɔpnemən]
raccrocher (vi)	ophangen	['ɔphaŋən]
occupé (adj)	bezet	[bə'zɛt]
sonner (vi)	overgaan	['ɔvərxān]
carnet (m) de téléphone	telefoonboek (het)	[telə'fõn·buk]
local (adj)	lokaal	[lo'kāl]
appel (m) local	lokaal gesprek (het)	[lo'kāl xesp'rɛk]
interurbain (adj)	interlokaal	[intərlɔ'kāl]
appel (m) interurbain	interlokaal gesprek (het)	[intərlɔ'kāl xe'sprɛk]
international (adj)	buitenlands	['bœytənlants]
appel (m) international	buitenlands gesprek (het)	['bœytənlants xe'ʃprɛk]

45. Le téléphone portable

portable (m)	mobieltje (het)	[mɔ'biltʃe]
écran (m)	scherm (het)	[sxɛrm]
bouton (m)	toets, knop (de)	[tuts], [knɔp]
carte SIM (f)	simkaart (de)	['sim·kārt]
pile (f)	batterij (de)	[batə'rɛj]
être déchargé	leeg zijn	[lēx zɛjn]
chargeur (m)	acculader (de)	[akʉ'ladər]
menu (m)	menu (het)	[me'nʉ]
réglages (m pl)	instellingen	['instɛliŋən]
mélodie (f)	melodie (de)	[melo'di]

sélectionner (vt)	selecteren	[sɛlɛk'terən]
calculatrice (f)	rekenmachine (de)	['rekən·ma'ʃinə]
répondeur (m)	voicemail (de)	['vɔjs·mɛjl]
réveil (m)	wekker (de)	['wɛkər]
contacts (m pl)	contacten	[kɔn'taktən]
SMS (m)	SMS-bericht (het)	[ɛsɛ'mɛs-bə'rixt]
abonné (m)	abonnee (de)	[abɔ'nē]

46. La papeterie

stylo (m) à bille	balpen (de)	['bal·pən]
stylo (m) à plume	vulpen (de)	['vʉl·pən]
crayon (m)	potlood (het)	['pɔtlōt]
marqueur (m)	marker (de)	['markər]
feutre (m)	viltstift (de)	['vilt·stift]
bloc-notes (m)	notitieboekje (het)	[nɔ'titsi·'bukjə]
agenda (m)	agenda (de)	[a'xɛnda]
règle (f)	liniaal (de/het)	[lini'āl]
calculatrice (f)	rekenmachine (de)	['rekən·ma'ʃinə]
gomme (f)	gom (de)	[xɔm]
punaise (f)	punaise (de)	[pʉ'nɛzə]
trombone (m)	paperclip (de)	['pɛjpər·klip]
colle (f)	lijm (de)	[lɛjm]
agrafeuse (f)	nietmachine (de)	['nit·ma'ʃinə]
perforateur (m)	perforator (de)	[perfɔ'ratər]
taille-crayon (m)	potloodslijper (de)	['pɔtlōt·'slɛjpər]

47. Les langues étrangères

langue (f)	taal (de)	[tāl]
étranger (adj)	vreemd	[vrēmt]
langue (f) étrangère	vreemde taal (de)	['vrēmdə tāl]
étudier (vt)	leren	['lerən]
apprendre (~ l'arabe)	studeren	[stʉ'derən]
lire (vi, vt)	lezen	['lezən]
parler (vi, vt)	spreken	['sprekən]
comprendre (vt)	begrijpen	[bə'xrɛjpən]
écrire (vt)	schrijven	['sxrɛjvən]
vite (adv)	snel	[snɛl]
lentement (adv)	langzaam	['laŋzām]
couramment (adv)	vloeiend	['vlujənt]

règles (f pl)	regels	['rexəls]
grammaire (f)	grammatica (de)	[xra'matika]
vocabulaire (m)	vocabulaire (het)	[vɔkabʉ'lɛːr]
phonétique (f)	fonetiek (de)	[fɔnɛ'tik]
manuel (m)	leerboek (het)	['lēr·buk]
dictionnaire (m)	woordenboek (het)	['wōrdən·buk]
manuel (m) autodidacte	leerboek (het) voor zelfstudie	['lērbuk vōr 'zɛlfstʉdi]
guide (m) de conversation	taalgids (de)	['tāl·xits]
cassette (f)	cassette (de)	[ka'sɛtə]
cassette (f) vidéo	videocassette (de)	['videɔ·ka'sɛtə]
CD (m)	CD (de)	[se'de]
DVD (m)	DVD (de)	[deve'de]
alphabet (m)	alfabet (het)	['alfabət]
épeler (vt)	spellen	['spɛlən]
prononciation (f)	uitspraak (de)	['œytsprāk]
accent (m)	accent (het)	[ak'sɛnt]
avec un accent	met een accent	[mɛt en ak'sɛnt]
sans accent	zonder accent	['zɔndər ak'sɛnt]
mot (m)	woord (het)	[wōrt]
sens (m)	betekenis (de)	[bə'tekənis]
cours (m pl)	cursus (de)	['kʉrzʉs]
s'inscrire (vp)	zich inschrijven	[zix 'insxrɛjvən]
professeur (m) (~ d'anglais)	leraar (de)	['lerār]
traduction (f) (action)	vertaling (de)	[vər'taliŋ]
traduction (f) (texte)	vertaling (de)	[vər'taliŋ]
traducteur (m)	vertaler (de)	[vər'talər]
interprète (m)	tolk (de)	[tɔlk]
polyglotte (m)	polyglot (de)	[poli'xlɔt]
mémoire (f)	geheugen (het)	[xə'høxən]

LES REPAS.
LE RESTAURANT

48. Le dressage de la table
49. Le restaurant
50. Les repas
51. Les plats cuisinés
52. Les aliments
53. Les boissons
54. Les légumes
55. Les fruits. Les noix
56. Le pain. Les confiseries
57. Les épices

T&P Books Publishing

48. Le dressage de la table

cuillère (f)	lepel (de)	['lepəl]
couteau (m)	mes (het)	[mɛs]
fourchette (f)	vork (de)	[vɔrk]
tasse (f)	kopje (het)	['kɔpjə]
assiette (f)	bord (het)	[bɔrt]
soucoupe (f)	schoteltje (het)	['sxɔteltʃə]
serviette (f)	servet (het)	[sɛr'vɛt]
cure-dent (m)	tandenstoker (de)	['tandən·'stɔkər]

49. Le restaurant

restaurant (m)	restaurant (het)	[rɛstɔ'rant]
salon (m) de café	koffiehuis (het)	['kɔfi·hœys]
bar (m)	bar (de)	[bar]
salon (m) de thé	tearoom (de)	['ti·rõm]
serveur (m)	kelner, ober (de)	['kɛlnər], ['ɔbər]
serveuse (f)	serveerster (de)	[sɛr'vērstər]
barman (m)	barman (de)	['barman]
carte (f)	menu (het)	[me'nʉ]
carte (f) des vins	wijnkaart (de)	['wɛjn·kãrt]
réserver une table	een tafel reserveren	[en 'tafəl rezər'verən]
plat (m)	gerecht (het)	[xe'rɛht]
commander (vt)	bestellen	[bə'stɛlən]
faire la commande	een bestelling maken	[en bə'stɛliŋ 'makən]
apéritif (m)	aperitief (de/het)	[aperi'tif]
hors-d'œuvre (m)	voorgerecht (het)	['võrxərɛht]
dessert (m)	dessert (het)	[dɛ'sɛ:r]
addition (f)	rekening (de)	['rekəniŋ]
régler l'addition	de rekening betalen	[də 'rekəniŋ bə'talən]
rendre la monnaie	wisselgeld teruggeven	['wisəl·xɛlt tɛ'rʉxevən]
pourboire (m)	fooi (de)	[fõj]

50. Les repas

nourriture (f)	eten (het)	['etən]
manger (vi, vt)	eten	['etən]

petit déjeuner (m)	ontbijt (het)	[ɔn'bɛjt]
prendre le petit déjeuner	ontbijten	[ɔn'bɛjtən]
déjeuner (m)	lunch (de)	['lʉnʃ]
déjeuner (vi)	lunchen	['lʉnʃən]
dîner (m)	avondeten (het)	['avɔntetən]
dîner (vi)	souperen	[su'perən]

appétit (m)	eetlust (de)	['ētlʉst]
Bon appétit!	Eet smakelijk!	[ēt 'smakələk]

ouvrir (vt)	openen	['ɔpənən]
renverser (liquide)	morsen	['mɔrsən]
se renverser (liquide)	zijn gemorst	[zɛjn xɛ'mɔrst]

bouillir (vi)	koken	['kɔkən]
faire bouillir	koken	['kɔkən]
bouilli (l'eau ~e)	gekookt	[xə'kōkt]
refroidir (vt)	afkoelen	['afkulən]
se refroidir (vp)	afkoelen	['afkulən]

goût (m)	smaak (de)	[smāk]
arrière-goût (m)	nasmaak (de)	['nasmāk]

suivre un régime	volgen een dieet	['vɔlxə en di'ēt]
régime (m)	dieet (het)	[di'ēt]
vitamine (f)	vitamine (de)	[vita'minə]
calorie (f)	calorie (de)	[kalɔ'ri]
végétarien (m)	vegetariër (de)	[vəxɛ'tarier]
végétarien (adj)	vegetarisch	[vəxɛ'taris]

lipides (m pl)	vetten	['vɛtən]
protéines (f pl)	eiwitten	['ɛjwitən]
glucides (m pl)	koolhydraten	[kōlhi'dratən]
tranche (f)	snede (de)	['snedə]
morceau (m)	stuk (het)	[stʉk]
miette (f)	kruimel (de)	['krœʏməl]

51. Les plats cuisinés

plat (m)	gerecht (het)	[xə'rɛht]
cuisine (f)	keuken (de)	['køkən]
recette (f)	recept (het)	[re'sɛpt]
portion (f)	portie (de)	['pɔrsi]

salade (f)	salade (de)	[sa'ladə]
soupe (f)	soep (de)	[sup]

bouillon (m)	bouillon (de)	[bu'jon]
sandwich (m)	boterham (de)	['botərham]
les œufs brouillés	spiegelei (het)	['spixəl·ɛj]

| hamburger (m) | hamburger (de) | ['hambʉrxər] |
| steak (m) | biefstuk (de) | ['bifstʉk] |

garniture (f)	garnering (de)	[xar'neriŋ]
spaghettis (m pl)	spaghetti (de)	[spa'xeti]
purée (f)	aardappelpuree (de)	['ārdapəl·pʉ'rē]
pizza (f)	pizza (de)	['pitsa]
bouillie (f)	pap (de)	[pap]
omelette (f)	omelet (de)	[ɔmə'lɛt]

cuit à l'eau (adj)	gekookt	[xə'kōkt]
fumé (adj)	gerookt	[xə'rōkt]
frit (adj)	gebakken	[xə'bakən]
sec (adj)	gedroogd	[xə'drōxt]
congelé (adj)	diepvries	['dip·vris]
mariné (adj)	gemarineerd	[xəmari'nērt]

sucré (adj)	zoet	[zut]
salé (adj)	gezouten	[xə'zautən]
froid (adj)	koud	['kaut]
chaud (adj)	heet	[hēt]
amer (adj)	bitter	['bitər]
bon (savoureux)	lekker	['lɛkər]

cuire à l'eau	koken	['kɔkən]
préparer (le dîner)	bereiden	[bə'rɛjdən]
faire frire	bakken	['bakən]
réchauffer (vt)	opwarmen	['ɔpwarmən]

saler (vt)	zouten	['zautən]
poivrer (vt)	peperen	['pepərən]
râper (vt)	raspen	['raspən]
peau (f)	schil (de)	[sxil]
éplucher (vt)	schillen	['sxilən]

52. Les aliments

viande (f)	vlees (het)	[vlēs]
poulet (m)	kip (de)	[kip]
poulet (m) (poussin)	kuiken (het)	['kœʏkən]
canard (m)	eend (de)	[ēnt]
oie (f)	gans (de)	[xans]
gibier (m)	wild (het)	[wilt]
dinde (f)	kalkoen (de)	[kal'kun]

du porc	varkensvlees (het)	['varkəns·vlēs]
du veau	kalfsvlees (het)	['kalfs·vlēs]
du mouton	schapenvlees (het)	['sxapən·vlēs]
du bœuf	rundvlees (het)	['rʉnt·vlēs]
lapin (m)	konijnenvlees (het)	[kɔ'nɛjnən·vlēs]

saucisson (m)	worst (de)	[wɔrst]
saucisse (f)	saucijs (de)	['sɔsɛjs]
bacon (m)	spek (het)	[spɛk]
jambon (m)	ham (de)	[ham]
cuisse (f)	gerookte achterham (de)	[xə'rōktə 'ahtərham]
pâté (m)	paté (de)	[pa'tɛ]
foie (m)	lever (de)	['levər]
farce (f)	gehakt (het)	[xə'hakt]
langue (f)	tong (de)	[tɔŋ]
œuf (m)	ei (het)	[ɛj]
les œufs	eieren	['ɛjerən]
blanc (m) d'œuf	eiwit (het)	['ɛjwit]
jaune (m) d'œuf	eigeel (het)	['ɛjxēl]
poisson (m)	vis (de)	[vis]
fruits (m pl) de mer	zeevruchten	[zē·'vrʉxtən]
crustacés (m pl)	schaaldieren	['sxal·dīrən]
caviar (m)	kaviaar (de)	[ka'vjār]
crabe (m)	krab (de)	[krab]
crevette (f)	garnaal (de)	[xar'nāl]
huître (f)	oester (de)	['ustər]
langoustine (f)	langoest (de)	[lan'xust]
poulpe (m)	octopus (de)	['ɔktopʉs]
calamar (m)	inktvis (de)	['inktvis]
esturgeon (m)	steur (de)	['stør]
saumon (m)	zalm (de)	[zalm]
flétan (m)	heilbot (de)	['hɛjlbot]
morue (f)	kabeljauw (de)	[kabe'ljau]
maquereau (m)	makreel (de)	[ma'krēl]
thon (m)	tonijn (de)	[tɔ'nɛjn]
anguille (f)	paling (de)	[pa'liŋ]
truite (f)	forel (de)	[fɔ'rɛl]
sardine (f)	sardine (de)	[sar'dinə]
brochet (m)	snoek (de)	[snuk]
hareng (m)	haring (de)	['hariŋ]
pain (m)	brood (het)	[brōt]
fromage (m)	kaas (de)	[kās]
sucre (m)	suiker (de)	['sœɣkər]
sel (m)	zout (het)	['zaut]
riz (m)	rijst (de)	[rɛjst]
pâtes (m pl)	pasta (de)	['pasta]
nouilles (f pl)	noedels	['nudɛls]
beurre (m)	boter (de)	['botər]
huile (f) végétale	plantaardige olie (de)	[plant'ārdixə 'ɔli]

huile (f) de tournesol	zonnebloemolie (de)	['zɔnəblum·'ɔli]
margarine (f)	margarine (de)	[marxa'rinə]
olives (f pl)	olijven	[ɔ'lɛjvən]
huile (f) d'olive	olijfolie (de)	[ɔ'lɛjf·'ɔli]
lait (m)	melk (de)	[mɛlk]
lait (m) condensé	gecondenseerde melk (de)	[xəkɔnsən'sērdə mɛlk]
yogourt (m)	yoghurt (de)	['jogʉrt]
crème (f) aigre	zure room (de)	['zʉrə rōm]
crème (f) (de lait)	room (de)	[rōm]
sauce (f) mayonnaise	mayonaise (de)	[majo'nɛzə]
crème (f) au beurre	crème (de)	[krɛ:m]
gruau (m)	graan (het)	[xrān]
farine (f)	meel (het), bloem (de)	[mēl], [blum]
conserves (f pl)	conserven	[kɔn'sɛrvən]
pétales (m pl) de maïs	maïsvlokken	[majs·'vlɔkən]
miel (m)	honing (de)	['hɔniŋ]
confiture (f)	jam (de)	[ʃɛm]
gomme (f) à mâcher	kauwgom (de)	['kauxɔm]

53. Les boissons

eau (f)	water (het)	['watər]
eau (f) potable	drinkwater (het)	['drink·'watər]
eau (f) minérale	mineraalwater (het)	[minə'rāl·'watər]
plate (adj)	zonder gas	['zɔndər xas]
gazeuse (l'eau ~)	koolzuurhoudend	[kōlzūr·'haudənt]
pétillante (adj)	bruisend	['brœysənt]
glace (f)	ijs (het)	[ɛjs]
avec de la glace	met ijs	[mɛt ɛjs]
sans alcool	alcohol vrij	['alkɔhɔl vrɛj]
boisson (f) non alcoolisée	alcohol vrije drank (de)	['alkɔhɔl 'vrɛjə drank]
rafraîchissement (m)	frisdrank (de)	['fris·drank]
limonade (f)	limonade (de)	[limɔ'nadə]
boissons (f pl) alcoolisées	alcoholische dranken	[alkɔ'hɔlisə 'drankən]
vin (m)	wijn (de)	[wɛjn]
vin (m) blanc	witte wijn (de)	['witə wɛjn]
vin (m) rouge	rode wijn (de)	['rɔdə wɛjn]
liqueur (f)	likeur (de)	[li'kør]
champagne (m)	champagne (de)	[ʃʌm'panjə]

vermouth (m)	vermout (de)	['vɛrmut]
whisky (m)	whisky (de)	['wiski]
vodka (f)	wodka (de)	['wɔdka]
gin (m)	gin (de)	[dʒin]
cognac (m)	cognac (de)	[kɔ'njak]
rhum (m)	rum (de)	[rʉm]

café (m)	koffie (de)	['kɔfi]
café (m) noir	zwarte koffie (de)	['zwartə 'kɔfi]
café (m) au lait	koffie (de) met melk	['kɔfi mɛt mɛlk]
cappuccino (m)	cappuccino (de)	[kapu'tʃinɔ]
café (m) soluble	oploskoffie (de)	['ɔplɔs·'kɔfi]

lait (m)	melk (de)	[mɛlk]
cocktail (m)	cocktail (de)	['kɔktəl]
cocktail (m) au lait	milkshake (de)	['milk·ʃɛjk]

jus (m)	sap (het)	[sap]
jus (m) de tomate	tomatensap (het)	[tɔ'matən·sap]
jus (m) d'orange	sinaasappelsap (het)	['sinɑsapəl·sap]
jus (m) pressé	vers geperst sap (het)	[vɛrs xə'pɛrst sap]

bière (f)	bier (het)	[bir]
bière (f) blonde	licht bier (het)	[lixt bir]
bière (f) brune	donker bier (het)	['dɔnkər bir]

thé (m)	thee (de)	[tē]
thé (m) noir	zwarte thee (de)	['zwartə tē]
thé (m) vert	groene thee (de)	['xrunə tē]

54. Les légumes

| légumes (m pl) | groenten | ['xruntən] |
| verdure (f) | verse kruiden | ['vɛrsə 'krœʏdən] |

tomate (f)	tomaat (de)	[tɔ'mɑt]
concombre (m)	augurk (de)	[au'xʉrk]
carotte (f)	wortel (de)	['wɔrtəl]
pomme (f) de terre	aardappel (de)	['ɑrd·apəl]
oignon (m)	ui (de)	['œʏ]
ail (m)	knoflook (de)	['knõflɔk]

chou (m)	kool (de)	[kōl]
chou-fleur (m)	bloemkool (de)	['blum·kōl]
chou (m) de Bruxelles	spruitkool (de)	['sprœʏt·kōl]
brocoli (m)	broccoli (de)	['brɔkoli]

betterave (f)	rode biet (de)	['rɔdə bit]
aubergine (f)	aubergine (de)	[ɔbɛr'ʒinə]
courgette (f)	courgette (de)	[kur'ʒɛt]

| potiron (m) | pompoen (de) | [pɔm'pun] |
| navet (m) | raap (de) | [rãp] |

persil (m)	peterselie (de)	[petər'sɛli]
fenouil (m)	dille (de)	['dilə]
laitue (f) (salade)	sla (de)	[sla]
céleri (m)	selderij (de)	['sɛldɛrɛj]
asperge (f)	asperge (de)	[as'pɛrʒə]
épinard (m)	spinazie (de)	[spi'nazi]

pois (m)	erwt (de)	[ɛrt]
fèves (f pl)	bonen	['bɔnən]
maïs (m)	maïs (de)	[majs]
haricot (m)	boon (de)	[bõn]

poivron (m)	peper (de)	['pepər]
radis (m)	radijs (de)	[ra'dɛjs]
artichaut (m)	artisjok (de)	[arti'ɕɔk]

55. Les fruits. Les noix

fruit (m)	vrucht (de)	[vrʉxt]
pomme (f)	appel (de)	['apəl]
poire (f)	peer (de)	[pẽr]
citron (m)	citroen (de)	[si'trun]
orange (f)	sinaasappel (de)	['sinãsapəl]
fraise (f)	aardbei (de)	['ãrd·bɛj]

mandarine (f)	mandarijn (de)	[manda'rɛjn]
prune (f)	pruim (de)	['prœʏm]
pêche (f)	perzik (de)	['pɛrzik]
abricot (m)	abrikoos (de)	[abri'kõs]
framboise (f)	framboos (de)	[fram'bõs]
ananas (m)	ananas (de)	['ananas]

banane (f)	banaan (de)	[ba'nãn]
pastèque (f)	watermeloen (de)	['watərmɛ'lun]
raisin (m)	druif (de)	[drœʏf]
cerise (f)	zure kers (de)	['zʉrə kɛrs]
merise (f)	zoete kers (de)	['zutə kɛrs]
melon (m)	meloen (de)	[mə'lun]

pamplemousse (m)	grapefruit (de)	['grepfrut]
avocat (m)	avocado (de)	[avɔ'kadɔ]
papaye (f)	papaja (de)	[pa'paja]
mangue (f)	mango (de)	['mangɔ]
grenade (f)	granaatappel (de)	[xra'nãt·'apəl]

| groseille (f) rouge | rode bes (de) | ['rɔdə bɛs] |
| cassis (m) | zwarte bes (de) | ['zwartə bɛs] |

groseille (f) verte	kruisbes (de)	['krœysbɛs]
myrtille (f)	bosbes (de)	['bɔsbɛs]
mûre (f)	braambes (de)	['brãmbɛs]

raisin (m) sec	rozijn (de)	[rɔ'zɛjn]
figue (f)	vijg (de)	[vɛjx]
datte (f)	dadel (de)	['dadəl]

cacahuète (f)	pinda (de)	['pinda]
amande (f)	amandel (de)	[a'mandəl]
noix (f)	walnoot (de)	['walnõt]
noisette (f)	hazelnoot (de)	['hazəl·nõt]
noix (f) de coco	kokosnoot (de)	['kɔkɔs·nõt]
pistaches (f pl)	pistaches	[pi'staʃəs]

56. Le pain. Les confiseries

confiserie (f)	suikerbakkerij (de)	[sœvkər bakə'rɛj]
pain (m)	brood (het)	[brõt]
biscuit (m)	koekje (het)	['kukjə]

chocolat (m)	chocolade (de)	[ʃɔkɔ'ladə]
en chocolat (adj)	chocolade-	[ʃɔkɔ'ladə]
bonbon (m)	snoepje (het)	['snupjə]
gâteau (m), pâtisserie (f)	cakeje (het)	['kejkjə]
tarte (f)	taart (de)	[tãrt]

| gâteau (m) | pastei (de) | [pas'tɛj] |
| garniture (f) | vulling (de) | ['vʉliŋ] |

confiture (f)	confituur (de)	[kɔnfi'tʉr]
marmelade (f)	marmelade (de)	[marmə'ladə]
gaufre (f)	wafel (de)	['wafəl]
glace (f)	ijsje (het)	['ɛisjə], ['ɛiʃə]
pudding (m)	pudding (de)	['pʉdiŋ]

57. Les épices

sel (m)	zout (het)	['zaut]
salé (adj)	gezouten	[xə'zautən]
saler (vt)	zouten	['zautən]

poivre (m) noir	zwarte peper (de)	['zwartə 'pepər]
poivre (m) rouge	rode peper (de)	['rodə 'pepər]
moutarde (f)	mosterd (de)	['mootərt]
raifort (m)	mierikswortel (de)	['miriks·'wortəl]
condiment (m)	condiment (het)	[kɔndi'mɛnt]
épice (f)	specerij , kruiderij (de)	[spesə'rɛj], [krœydə'rɛj]

| sauce (f) | **saus (de)** | ['saus] |
| vinaigre (m) | **azijn (de)** | [a'zɛjn] |

anis (m)	**anijs (de)**	[a'nɛjs]
basilic (m)	**basilicum (de)**	[ba'silikəm]
clou (m) de girofle	**kruidnagel (de)**	['krœʏtnaxəl]
gingembre (m)	**gember (de)**	['xɛmbər]
coriandre (m)	**koriander (de)**	[kɔri'andər]
cannelle (f)	**kaneel (de/het)**	[ka'nēl]

sésame (m)	**sesamzaad (het)**	['sɛzam·zāt]
feuille (f) de laurier	**laurierblad (het)**	[lau'rir·blat]
paprika (m)	**paprika (de)**	['paprika]
cumin (m)	**komijn (de)**	[kɔ'mɛjn]
safran (m)	**saffraan (de)**	[safˈrān]

T&P BOOKS

LES DONNÉES PERSONNELLES. LA FAMILLE

58. Les données personnelles.
    Les formulaires
59. La famille. Les liens de parenté
60. Les amis. Les collègues

T&P Books Publishing

58. Les données personnelles. Les formulaires

prénom (m)	naam (de)	[nãm]
nom (m) de famille	achternaam (de)	['axtər·nãm]
date (f) de naissance	geboortedatum (de)	[xə'bõrtə·datʉm]
lieu (m) de naissance	geboorteplaats (de)	[xə'bõrtə·plãts]
nationalité (f)	nationaliteit (de)	[natsjɔnali'tɛjt]
domicile (m)	woonplaats (de)	['wõm·plãts]
pays (m)	land (het)	[lant]
profession (f)	beroep (het)	[bə'rup]
sexe (m)	geslacht (het)	[xə'slaht]
taille (f)	lengte (de)	['lɛŋtə]
poids (m)	gewicht (het)	[xə'wixt]

59. La famille. Les liens de parenté

mère (f)	moeder (de)	['mudər]
père (m)	vader (de)	['vadər]
fils (m)	zoon (de)	[zõn]
fille (f)	dochter (de)	['dɔxtər]
fille (f) cadette	jongste dochter (de)	['jɔŋstə 'dɔxtər]
fils (m) cadet	jongste zoon (de)	['jɔŋstə zõn]
fille (f) aînée	oudste dochter (de)	['audstə 'dɔxtər]
fils (m) aîné	oudste zoon (de)	['audstə zõn]
frère (m)	broer (de)	[brur]
frère (m) aîné	oudere broer (de)	['audərə brur]
frère (m) cadet	jongere broer (de)	['jɔŋərə brur]
sœur (f)	zuster (de)	['zʉstər]
sœur (f) aînée	oudere zuster (de)	['audərə 'zʉstər]
sœur (f) cadette	jongere zuster (de)	['jɔŋərə 'zʉstər]
cousin (m)	neef (de)	[nẽf]
cousine (f)	nicht (de)	[nixt]
maman (f)	mama (de)	['mama]
papa (m)	papa (de)	['papa]
parents (m pl)	ouders	['audərs]
enfant (m, f)	kind (het)	[kint]
enfants (pl)	kinderen	['kindərən]
grand-mère (f)	oma (de)	['ɔma]
grand-père (m)	opa (de)	['ɔpa]

petit-fils (m)	kleinzoon (de)	[klɛjn·zōn]
petite-fille (f)	kleindochter (de)	[klɛjn·'dɔxtər]
petits-enfants (pl)	kleinkinderen	[klɛjn·'kinderən]

oncle (m)	oom (de)	[ōm]
tante (f)	tante (de)	['tantə]
neveu (m)	neef (de)	[nēf]
nièce (f)	nicht (de)	[nixt]

belle-mère (f)	schoonmoeder (de)	['sxōn·mudər]
beau-père (m)	schoonvader (de)	['sxōn·vadər]
gendre (m)	schoonzoon (de)	['sxōn·zōn]
belle-mère (f)	stiefmoeder (de)	['stif·mudər]
beau-père (m)	stiefvader (de)	['stif·vadər]

nourrisson (m)	zuigeling (de)	['zœyxəliŋ]
bébé (m)	wiegenkind (het)	['wixən·kint]
petit (m)	kleuter (de)	['kløtər]

femme (f)	vrouw (de)	['vrau]
mari (m)	man (de)	[man]
époux (m)	echtgenoot (de)	['ɛhtxənōt]
épouse (f)	echtgenote (de)	['ɛhtxenɔtə]

marié (adj)	gehuwd	[xə'hʉwt]
mariée (adj)	gehuwd	[xə'hʉwt]
célibataire (adj)	ongehuwd	[ɔnhə'hʉwt]
célibataire (m)	vrijgezel (de)	[vrɛjxə'zɛl]
divorcé (adj)	gescheiden	[xə'sxɛjdən]
veuve (f)	weduwe (de)	['wedʉwə]
veuf (m)	weduwnaar (de)	['wedʉwnār]

parent (m)	familielid (het)	[fa'mililit]
parent (m) proche	dichte familielid (het)	['dixtə fa'mililit]
parent (m) éloigné	verre familielid (het)	['vɛrə fa'mililit]
parents (m pl)	familieleden	[fa'mili'ledən]

orphelin (m), orpheline (f)	wees (de),	[wēs],
	weeskind (het)	['wēskint]
tuteur (m)	voogd (de)	[vōxt]
adopter (un garçon)	adopteren	[adɔp'terən]
adopter (une fille)	adopteren	[adɔp'terən]

60. Les amis. Les collègues

ami (m)	vriend (de)	[vrint]
amie (f)	vriendin (de)	[vɪln'din]
amitié (f)	vriendschap (de)	['vrintsxap]
être ami	bevriend zijn	[bə'vrint zɛjn]
copain (m)	makker (de)	['makər]

copine (f)	**vriendin (de)**	[vrin'din]
partenaire (m)	**partner (de)**	['partnər]
chef (m)	**chef (de)**	[ʃɛf]
supérieur (m)	**baas (de)**	[bãs]
propriétaire (m)	**eigenaar (de)**	['ɛjxənãr]
subordonné (m)	**ondergeschikte (de)**	['ɔndərxə'sxiktə]
collègue (m, f)	**collega (de)**	[kɔ'lexa]
connaissance (f)	**kennis (de)**	['kɛnis]
compagnon (m) de route	**medereiziger (de)**	['medə·'rɛjzixər]
copain (m) de classe	**klasgenoot (de)**	['klas·xənõt]
voisin (m)	**buurman (de)**	['bũrman]
voisine (f)	**buurvrouw (de)**	['bũrvrau]
voisins (m pl)	**buren**	['bʉrən]

LE CORPS HUMAIN.
LES MÉDICAMENTS

61. La tête
62. Le corps humain
63. Les maladies
64. Les symptômes. Le traitement. Partie 1
65. Les symptômes. Le traitement. Partie 2
66. Les symptômes. Le traitement. Partie 3
67. Les médicaments. Les accessoires

T&P Books Publishing

tête (f)	hoofd (het)	[hõft]
visage (m)	gezicht (het)	[xə'ziht]
nez (m)	neus (de)	['nøs]
bouche (f)	mond (de)	[mɔnt]

œil (m)	oog (het)	[õx]
les yeux	ogen	['ɔxən]
pupille (f)	pupil (de)	[pʉ'pil]
sourcil (m)	wenkbrauw (de)	['wɛnk·brau]
cil (m)	wimper (de)	['wimpər]
paupière (f)	ooglid (het)	['õx·lit]

langue (f)	tong (de)	[tɔŋ]
dent (f)	tand (de)	[tant]
lèvres (f pl)	lippen	['lipən]
pommettes (f pl)	jukbeenderen	[juk'·bēndərən]
gencive (f)	tandvlees (het)	['tand·vlēs]
palais (m)	gehemelte (het)	[xə'heməltə]

narines (f pl)	neusgaten	['nøsxatən]
menton (m)	kin (de)	[kin]
mâchoire (f)	kaak (de)	[kāk]
joue (f)	wang (de)	[waŋ]

front (m)	voorhoofd (het)	['võrhõft]
tempe (f)	slaap (de)	[slāp]
oreille (f)	oor (het)	[õr]
nuque (f)	achterhoofd (het)	['axtər·hõft]
cou (m)	hals (de)	[hals]
gorge (f)	keel (de)	[kēl]

cheveux (m pl)	haren	['harən]
coiffure (f)	kapsel (het)	['kapsəl]
coupe (f)	haarsnit (de)	['hārsnit]
perruque (f)	pruik (de)	['prœʏk]

moustache (f)	snor (de)	[snɔr]
barbe (f)	baard (de)	[bārt]
porter (~ la barbe)	dragen	['draxən]
tresse (f)	vlecht (de)	[vlɛxt]
favoris (m pl)	bakkebaarden	[bakə'bārtən]

| roux (adj) | ros | [rɔs] |
| gris, grisonnant (adj) | grijs | [xrɛjs] |

| chauve (adj) | kaal | [kāl] |
| calvitie (f) | kale plek (de) | ['kalə plɛk] |

| queue (f) de cheval | paardenstaart (de) | ['pārdən·stārt] |
| frange (f) | pony (de) | ['pɔni] |

62. Le corps humain

| main (f) | hand (de) | [hant] |
| bras (m) | arm (de) | [arm] |

doigt (m)	vinger (de)	['viŋər]
orteil (m)	teen (de)	[tēn]
pouce (m)	duim (de)	['dœym]
petit doigt (m)	pink (de)	[pink]
ongle (m)	nagel (de)	['naxəl]

poing (m)	vuist (de)	['vœyst]
paume (f)	handpalm (de)	['hantpalm]
poignet (m)	pols (de)	[pɔls]
avant-bras (m)	voorarm (de)	['vōrarm]
coude (m)	elleboog (de)	['ɛləbōx]
épaule (f)	schouder (de)	['sxaudər]

jambe (f)	been (het)	[bēn]
pied (m)	voet (de)	[vut]
genou (m)	knie (de)	[kni]
mollet (m)	kuit (de)	['kœyt]

| hanche (f) | heup (de) | ['høp] |
| talon (m) | hiel (de) | [hil] |

corps (m)	lichaam (het)	['lixām]
ventre (m)	buik (de)	['bœyk]
poitrine (f)	borst (de)	[bɔrst]
sein (m)	borst (de)	[bɔrst]
côté (m)	zijde (de)	['zɛjdə]
dos (m)	rug (de)	[rʉx]

| reins (région lombaire) | lage rug (de) | [laxə rʉx] |
| taille (f) (~ de guêpe) | taille (de) | ['tajə] |

nombril (m)	navel (de)	['navəl]
fesses (f pl)	billen	['bilən]
derrière (m)	achterwerk (het)	['axtərwɛrk]

grain (m) de beauté	huidvlek (de)	['hœyt·vlɛk]
tache (f) de vin	moedervlek (de)	['mudər·vlɛk]
tatouage (m)	tatoeage (de)	[tatu'aʒə]
cicatrice (f)	litteken (het)	['litekən]

63. Les maladies

maladie (f)	**ziekte (de)**	['ziktə]
être malade	**ziek zijn**	[zik zɛjn]
santé (f)	**gezondheid (de)**	[xə'zɔnthɛjt]
rhume (m) (coryza)	**snotneus (de)**	[snɔt'nøs]
angine (f)	**angina (de)**	[an'xina]
refroidissement (m)	**verkoudheid (de)**	[vər'kauthɛjt]
prendre froid	**verkouden raken**	[vər'kaudən 'rakən]
bronchite (f)	**bronchitis (de)**	[brɔn'xitis]
pneumonie (f)	**longontsteking (de)**	['lɔŋ·ɔntstekiŋ]
grippe (f)	**griep (de)**	[xrip]
myope (adj)	**bijziend**	[bɛj'zint]
presbyte (adj)	**verziend**	['vɛrzint]
strabisme (m)	**scheelheid (de)**	['sxēlxɛjt]
strabique (adj)	**scheel**	[sxēl]
cataracte (f)	**grauwe staar (de)**	['xrauə stār]
glaucome (m)	**glaucoom (het)**	[xlau'kōm]
insulte (f)	**beroerte (de)**	[bə'rurtə]
crise (f) cardiaque	**hartinfarct (het)**	['hart·in'farkt]
infarctus (m) de myocarde	**myocardiaal infarct (het)**	[miɔkardi'āl in'farkt]
paralysie (f)	**verlamming (de)**	[vər'lamiŋ]
paralyser (vt)	**verlammen**	[vər'lamən]
allergie (f)	**allergie (de)**	[alɛr'xi]
asthme (m)	**astma (de/het)**	['astma]
diabète (m)	**diabetes (de)**	[dia'betəs]
mal (m) de dents	**tandpijn (de)**	['tand·pɛjn]
carie (f)	**tandbederf (het)**	['tand·bə'dɛrf]
diarrhée (f)	**diarree (de)**	[dia'rē]
constipation (f)	**constipatie (de)**	[kɔnsti'patsi]
estomac (m) barbouillé	**maagstoornis (de)**	['māx·stōrnis]
intoxication (f) alimentaire	**voedselvergiftiging (de)**	['vudsəl·vər'xiftəxiŋ]
être intoxiqué	**voedselvergiftiging oplopen**	['vudsəl·vər'xiftəxiŋ 'ɔplɔpən]
arthrite (f)	**artritis (de)**	[ar'tritis]
rachitisme (m)	**rachitis (de)**	[ra'xitis]
rhumatisme (m)	**reuma (het)**	['røma]
athérosclérose (f)	**arteriosclerose (de)**	[artɛriɔskle'rɔzə]
gastrite (f)	**gastritis (de)**	[xas'tritis]
appendicite (f)	**blindedarm- montsteking (de)**	[blində'darm ɔntstɛkiŋ]
cholécystite (f)	**galblaasontsteking (de)**	['xalblaxāns·ɔnt'stɛkiŋ]

ulcère (m)	**zweer (de)**	[zwēr]
rougeole (f)	**mazelen**	['mazelən]
rubéole (f)	**rodehond (de)**	['rɔdəhɔnt]
jaunisse (f)	**geelzucht (de)**	['xēlzʉht]
hépatite (f)	**leverontsteking (de)**	['levər ɔnt'stekiŋ]
schizophrénie (f)	**schizofrenie (de)**	[sxitsɔfrə'ni]
rage (f) (hydrophobie)	**dolheid (de)**	['dɔlhɛjt]
névrose (f)	**neurose (de)**	['nø'rɔzə]
commotion (f) cérébrale	**hersenschudding (de)**	['hɛrsən·sxjudiŋ]
cancer (m)	**kanker (de)**	['kankər]
sclérose (f)	**sclerose (de)**	[skle'rɔzə]
sclérose (f) en plaques	**multiple sclerose (de)**	['mʉltiplə skle'rɔzə]
alcoolisme (m)	**alcoholisme (het)**	[alkɔhɔ'lismə]
alcoolique (m)	**alcoholicus (de)**	[alkɔ'hɔlikʉs]
syphilis (f)	**syfilis (de)**	['sifilis]
SIDA (m)	**AIDS (de)**	[ets]
tumeur (f)	**tumor (de)**	['tʉmɔr]
maligne (adj)	**kwaadaardig**	['kwāt·'ārdəx]
bénigne (adj)	**goedaardig**	[xu'tārdəx]
fièvre (f)	**koorts (de)**	[kōrts]
malaria (f)	**malaria (de)**	[ma'laria]
gangrène (f)	**gangreen (het)**	[xanx'rēn]
mal (m) de mer	**zeeziekte (de)**	[zē·'ziktə]
épilepsie (f)	**epilepsie (de)**	[ɛpilɛp'si]
épidémie (f)	**epidemie (de)**	[ɛpidə'mi]
typhus (m)	**tyfus (de)**	['tifʉs]
tuberculose (f)	**tuberculose (de)**	[tʉbərkʉ'lɔzə]
choléra (m)	**cholera (de)**	['xɔləra]
peste (f)	**pest (de)**	[pɛst]

64. Les symptömes. Le traitement. Partie 1

symptôme (m)	**symptoom (het)**	[simp'tōm]
température (f)	**temperatuur (de)**	[tɛmpəra'tūr]
fièvre (f)	**verhoogde temperatuur (de)**	[vər'hōxtə tɛmpəra'tūr]
pouls (m)	**polsslag (de)**	['pɔls·slax]
vertige (m)	**duizeling (de)**	['dœyzeliŋ]
chaud (adj)	**heet**	[hēt]
frisson (m)	**koude rillingen**	['kɑudə 'riliŋən]
pâle (adj)	**bleek**	[blēk]
toux (f)	**hoest (de)**	[hust]
tousser (vi)	**hoesten**	['hustən]

éternuer (vi)	niezen	['nizən]
évanouissement (m)	flauwte (de)	['flautə]
s'évanouir (vp)	flauwvallen	['flauvalən]

bleu (m)	blauwe plek (de)	['blauə plɛk]
bosse (f)	buil (de)	['bœyl]
se heurter (vp)	zich stoten	[zix 'stɔtən]
meurtrissure (f)	kneuzing (de)	['knøziŋ]
se faire mal	kneuzen	['knøzən]

boiter (vi)	hinken	['hinkən]
foulure (f)	verstuiking (de)	[vər'stœykiŋ]
se démettre (l'épaule, etc.)	verstuiken	[vər'stœykən]
fracture (f)	breuk (de)	['brøk]
avoir une fracture	een breuk oplopen	[en 'brøk 'ɔplɔpən]

coupure (f)	snijwond (de)	['snɛj·wɔnt]
se couper (~ le doigt)	zich snijden	[zix snɛjdən]
hémorragie (f)	bloeding (de)	['bludiŋ]

| brûlure (f) | brandwond (de) | ['brant·wɔnt] |
| se brûler (vp) | zich branden | [zix 'brandən] |

se piquer (le doigt)	prikken	['prikən]
se piquer (vp)	zich prikken	[zix 'prikən]
blesser (vt)	blesseren	[blɛ'serən]
blessure (f)	blessure (de)	[blɛ'sʉrə]
plaie (f) (blessure)	wond (de)	[wɔnt]
trauma (m)	trauma (het)	['trauma]

délirer (vi)	ijlen	['ɛjlən]
bégayer (vi)	stotteren	['stɔtɛrən]
insolation (f)	zonnesteek (de)	['zɔnə·stēk]

65. Les symptömes. Le traitement. Partie 2

| douleur (f) | pijn (de) | [pɛjn] |
| écharde (f) | splinter (de) | ['splintər] |

sueur (f)	zweet (het)	['zwēt]
suer (vi)	zweten	['zwetən]
vomissement (m)	braking (de)	['brakiŋ]
spasmes (m pl)	stuiptrekkingen	['stœyp·'trɛkiŋən]

enceinte (adj)	zwanger	['zwaŋər]
naître (vi)	geboren worden	[xə'borən 'wordən]
accouchement (m)	geboorte (de)	[xə'bōrtə]
accoucher (vi)	baren	['barən]
avortement (m)	abortus (de)	[a'bɔrtus]
respiration (f)	ademhaling (de)	['adəmhaliŋ]

inhalation (f)	inademing (de)	['inademɪŋ]
expiration (f)	uitademing (de)	['œytademɪŋ]
expirer (vi)	uitademen	['œytademən]
inspirer (vi)	inademen	['inademən]

invalide (m)	invalide (de)	[inva'lidə]
handicapé (m)	gehandicapte (de)	[hə'handikaptə]
drogué (m)	drugsverslaafde (de)	['drʊks·vər'slāfdə]

sourd (adj)	doof	[dōf]
muet (adj)	stom	[stɔm]
sourd-muet (adj)	doofstom	[dōf·'stɔm]

fou (adj)	krankzinnig	[kraŋk'sinəx]
fou (m)	krankzinnige (de)	[kraŋk'sinəxə]
folle (f)	krankzinnige (de)	[kraŋk'sinəxə]
devenir fou	krankzinnig worden	[kraŋk'sinəx 'wɔrdən]

gène (m)	gen (het)	[xen]
immunité (f)	immuniteit (de)	[imuni'tɛjt]
héréditaire (adj)	erfelijk	['ɛrfələk]
congénital (adj)	aangeboren	['ānxəborən]

virus (m)	virus (het)	['virʊs]
microbe (m)	microbe (de)	[mik'rɔbə]
bactérie (f)	bacterie (de)	[bak'teri]
infection (f)	infectie (de)	[in'fɛksi]

66. Les symptömes. Le traitement. Partie 3

| hôpital (m) | ziekenhuis (het) | ['zikən·hœys] |
| patient (m) | patiênt (de) | [pasi'ent] |

diagnostic (m)	diagnose (de)	[diax'nɔzə]
cure (f) (faire une ~)	genezing (de)	[xə'neziŋ]
traitement (m)	medische behandeling (de)	['mɛdisə bə'handəliŋ]
se faire soigner	onder behandeling zijn	['ɔndər bə'handəliŋ zɛjn]
traiter (un patient)	behandelen	[bə'handələn]
soigner (un malade)	zorgen	['zɔrxən]
soins (m pl)	ziekenzorg (de)	['zikən·zɔrx]

opération (f)	operatie (de)	[ɔpe'ratsi]
panser (vt)	verbinden	[vər'bindən]
pansement (m)	verband (het)	[vər'bant]

vaccination (f)	vaccin (het)	[vaksən]
vacciner (vt)	inenten	['inɛntən]
piqûre (f)	injectie (de)	[inj'eksi]
faire une piqûre	een injectie geven	[ɛn inj'eksi 'xɛvən]

157

crise, attaque (f)	aanval (de)	['ānval]
amputation (f)	amputatie (de)	[ampʉ'tatsi]
amputer (vt)	amputeren	[ampʉ'terən]
coma (m)	coma (het)	['kɔma]
être dans le coma	in coma liggen	[in 'kɔma 'lixən]
réanimation (f)	intensieve zorg, ICU (de)	[intən'sivə zɔrx], [isɛ'ju]

se rétablir (vp)	zich herstellen	[zix hɛr'ʃtɛlən]
état (m) (de santé)	toestand (de)	['tustant]
conscience (f)	bewustzijn (het)	[bə'wʉstsɛjn]
mémoire (f)	geheugen (het)	[xə'høxən]

arracher (une dent)	trekken	['trɛkən]
plombage (m)	vulling (de)	['vʉliŋ]
plomber (vt)	vullen	['vʉlən]

| hypnose (f) | hypnose (de) | ['hipnɔzə] |
| hypnotiser (vt) | hypnotiseren | [hipnɔti'zerən] |

67. Les mèdicaments. Les accessoires

médicament (m)	geneesmiddel (het)	[xə'nēsmidəl]
remède (m)	middel (het)	['midəl]
prescrire (vt)	voorschrijven	['vōrsxrɛjvən]
ordonnance (f)	recept (het)	[re'sɛpt]

comprimé (m)	tablet (de/het)	[tab'lɛt]
onguent (m)	zalf (de)	[zalf]
ampoule (f)	ampul (de)	[am'pʉl]
mixture (f)	drank (de)	[drank]
sirop (m)	siroop (de)	[si'rōp]
pilule (f)	pil (de)	[pil]
poudre (f)	poeder (de/het)	['pudər]

bande (f)	verband (het)	[vər'bant]
coton (m) (ouate)	watten	['watən]
iode (m)	jodium (het)	['jodijum]
sparadrap (m)	pleister (de)	['plɛjstər]
compte-gouttes (m)	pipet (de)	[pi'pɛt]
thermomètre (m)	thermometer (de)	['tɛrmɔmetər]
seringue (f)	spuit (de)	['spœʏt]

| fauteuil (m) roulant | rolstoel (de) | ['rɔl·stul] |
| béquilles (f pl) | krukken | ['krʉkən] |

anesthésique (m)	pijnstiller (de)	['pɛjn·stilər]
purgatif (m)	laxeermiddel (het)	[la'ksēr·midəl]
alcool (m)	spiritus (de)	['spiritʉs]
herbe (f) médicinale	medicinale kruiden	[mɛdisi'nalə krœʏdən]
d'herbes (adj)	kruiden-	['krœʏdən]

L'APPARTEMENT

68. L'appartement
69. Les meubles. L'intérieur
70. La literie
71. La cuisine
72. La salle de bains
73. Les appareils électroménagers

T&P Books Publishing

68. L'appartement

appartement (m)	**appartement (het)**	[apartə'mɛnt]
chambre (f)	**kamer (de)**	['kamər]
chambre (f) à coucher	**slaapkamer (de)**	['slāp·kamər]
salle (f) à manger	**eetkamer (de)**	[ēt·'kamər]
salon (m)	**salon (de)**	[sa'lɔn]
bureau (m)	**studeerkamer (de)**	[stu'dēr·'kamər]
antichambre (f)	**gang (de)**	[xaŋ]
salle (f) de bains	**badkamer (de)**	['bat·kamər]
toilettes (f pl)	**toilet (het)**	[tua'lɛt]
plafond (m)	**plafond (het)**	[pla'fɔnt]
plancher (m)	**vloer (de)**	[vlur]
coin (m)	**hoek (de)**	[huk]

69. Les meubles. L'intérieur

meubles (m pl)	**meubels**	['møbəl]
table (f)	**tafel (de)**	['tafəl]
chaise (f)	**stoel (de)**	[stul]
lit (m)	**bed (het)**	[bɛt]
canapé (m)	**bankstel (het)**	['bankstəl]
fauteuil (m)	**fauteuil (de)**	[fɔ'tøj]
bibliothèque (f) (meuble)	**boekenkast (de)**	['bukən·kast]
rayon (m)	**boekenrek (het)**	['bukən·rɛk]
armoire (f)	**kledingkast (de)**	['klediŋ·kast]
patère (f)	**kapstok (de)**	['kapstɔk]
portemanteau (m)	**staande kapstok (de)**	['stāndə 'kapstɔk]
commode (f)	**commode (de)**	[kɔ'mɔdə]
table (f) basse	**salontafeltje (het)**	[sa'lɔn·'tafəltʃə]
miroir (m)	**spiegel (de)**	['spixəl]
tapis (m)	**tapijt (het)**	[ta'pɛjt]
petit tapis (m)	**tapijtje (het)**	[ta'pɛjtʃə]
cheminée (f)	**haard (de)**	[hārt]
bougie (f)	**kaars (de)**	[kārs]
chandelier (m)	**kandelaar (de)**	['kandəlār]
rideaux (m pl)	**gordijnen**	[xɔr'dɛjnən]

| papier (m) peint | behang (het) | [bə'haŋ] |
| jalousie (f) | jaloezie (de) | [jalu'zi] |

lampe (f) de table	bureaulamp (de)	[bʉ'rɔ·lamp]
applique (f)	wandlamp (de)	['want·lamp]
lampadaire (m)	staande lamp (de)	['stāndə lamp]
lustre (m)	luchter (de)	['lʉxtər]

pied (m) (~ de la table)	poot (de)	[pōt]
accoudoir (m)	armleuning (de)	[arm·'løniŋ]
dossier (m)	rugleuning (de)	['rʉx·'løniŋ]
tiroir (m)	la (de)	[la]

70. La literie

linge (m) de lit	beddengoed (het)	['bɛdən·xut]
oreiller (m)	kussen (het)	['kʉsən]
taie (f) d'oreiller	kussenovertrek (de)	['kʉsən·'ɔvərtrɛk]
couverture (f)	deken (de)	['dekən]
drap (m)	laken (het)	['lakən]
couvre-lit (m)	sprei (de)	[sprɛj]

71. La cuisine

cuisine (f)	keuken (de)	['køkən]
gaz (m)	gas (het)	[xas]
cuisinière (f) à gaz	gasfornuis (het)	[xas·fɔr'nœys]
cuisinière (f) électrique	elektrisch fornuis (het)	[ɛ'lɛktris fɔr'nœys]
four (m)	oven (de)	['ɔvən]
four (m) micro-ondes	magnetronoven (de)	['mahnətrɔn·'ɔvən]

réfrigérateur (m)	koelkast (de)	['kul·kast]
congélateur (m)	diepvriezer (de)	[dip·'vrizər]
lave-vaisselle (m)	vaatwasmachine (de)	['vātwas·ma'ʃinə]

hachoir (m) à viande	vleesmolen (de)	['vlēs·mɔlən]
centrifugeuse (f)	vruchtenpers (de)	['vrʉxtən·pɛrs]
grille-pain (m)	toaster (de)	['tōstər]
batteur (m)	mixer (de)	['miksər]

machine (f) à café	koffiemachine (de)	['kɔfi·ma'ʃinə]
cafetière (f)	koffiepot (de)	['kɔfi·pɔt]
moulin (m) à café	koffiemolen (de)	['kɔfi·mɔlən]

bouilloire (f)	fluitketel (de)	['flʉʏt·'ketəl]
théière (f)	theepot (de)	['tē·pɔt]
couvercle (m)	deksel (de/het)	['dɛksəl]
passoire (f) à thé	theezeefje (het)	['tē·zefjə]

cuillère (f)	lepel (de)	['lepəl]
petite cuillère (f)	theelepeltje (het)	[tē·'lepəltʃə]
cuillère (f) à soupe	eetlepel (de)	[ēt·'lepəl]
fourchette (f)	vork (de)	[vɔrk]
couteau (m)	mes (het)	[mɛs]

vaisselle (f)	vaatwerk (het)	['vātwɛrk]
assiette (f)	bord (het)	[bɔrt]
soucoupe (f)	schoteltje (het)	['sxɔteltʃə]

verre (m) à shot	likeurglas (het)	[li'kør·xlas]
verre (m) (~ d'eau)	glas (het)	[xlas]
tasse (f)	kopje (het)	['kɔpjə]

sucrier (m)	suikerpot (de)	[sœɣkər·pɔt]
salière (f)	zoutvat (het)	['zaut·vat]
poivrière (f)	pepervat (het)	['pepər·vat]
beurrier (m)	boterschaaltje (het)	['bɔtər·'sxāltʃe]

casserole (f)	pan (de)	[pan]
poêle (f)	bakpan (de)	['bak·pan]
louche (f)	pollepel (de)	[pɔl·'lepəl]
passoire (f)	vergiet (de/het)	[vər'xit]
plateau (m)	dienblad (het)	['dinblat]

bouteille (f)	fles (de)	[fles]
bocal (m) (à conserves)	glazen pot (de)	['xlazən pɔt]
boîte (f) en fer-blanc	blik (het)	[blik]

ouvre-bouteille (m)	flesopener (de)	[fles·'ɔpənər]
ouvre-boîte (m)	blikopener (de)	[blik·'ɔpənər]
tire-bouchon (m)	kurkentrekker (de)	['kʉrkən·'trɛkər]
filtre (m)	filter (de/het)	['filtər]
filtrer (vt)	filteren	['filtərən]

| ordures (f pl) | huisvuil (het) | ['hœɣsvœɣl] |
| poubelle (f) | vuilnisemmer (de) | ['vœɣlnis·'ɛmər] |

72. La salle de bains

salle (f) de bains	badkamer (de)	['bat·kamər]
eau (f)	water (het)	['watər]
robinet (m)	kraan (de)	[krān]
eau (f) chaude	warm water (het)	[warm 'watər]
eau (f) froide	koud water (het)	['kaut 'watər]

dentifrice (m)	tandpasta (de)	['tand·pasta]
se brosser les dents	tanden poetsen	['tandən 'putsən]
brosse (f) à dents	tandenborstel (de)	['tandən·'bɔrstəl]
se raser (vp)	zich scheren	[zix 'sxerən]

| mousse (f) à raser | scheercrème (de) | [sxēr·krɛ:m] |
| rasoir (m) | scheermes (het) | ['sxēr·mɛs] |

laver (vt)	wassen	['wasən]
se laver (vp)	een bad nemen	[en bat 'nemən]
douche (f)	douche (de)	[duʃ]
prendre une douche	een douche nemen	[en duʃ 'nemən]

baignoire (f)	bad (het)	[bat]
cuvette (f)	toiletpot (de)	[tua'lɛt·pɔt]
lavabo (m)	wastafel (de)	['was·tafəl]

| savon (m) | zeep (de) | [zēp] |
| porte-savon (m) | zeepbakje (het) | ['zēp·bakjə] |

éponge (f)	spons (de)	[spɔns]
shampooing (m)	shampoo (de)	['ʃʌmpō]
serviette (f)	handdoek (de)	['handuk]
peignoir (m) de bain	badjas (de)	['batjas]

lessive (f) (faire la ~)	was (de)	[was]
machine (f) à laver	wasmachine (de)	['was·ma'ʃinə]
faire la lessive	de was doen	[də was dun]
lessive (f) (poudre)	waspoeder (de)	['was·'pudər]

73. Les appareils électroménagers

téléviseur (m)	televisie (de)	[telə'vizi]
magnétophone (m)	cassettespeler (de)	[ka'sɛtə·'spelər]
magnétoscope (m)	videorecorder (de)	['video·re'kɔrdər]
radio (f)	radio (de)	['radiɔ]
lecteur (m)	speler (de)	['spelər]

| vidéoprojecteur (m) | videoprojector (de) | ['video·prɔ'jektɔr] |
| home cinéma (m) | home theater systeem (het) | [hɔm te'jatər si'stēm] |

lecteur DVD (m)	DVD-speler (de)	[deve'de-'spelər]
amplificateur (m)	versterker (de)	[vər'stɛrkər]
console (f) de jeux	spelconsole (de)	['spɛl·kɔn'sɔlə]

caméscope (m)	videocamera (de)	['video·'kaməra]
appareil (m) photo	fotocamera (de)	['fɔtɔ·'kaməra]
appareil (m) photo numérique	digitale camera (de)	[dixi'talə 'kaməra]

aspirateur (m)	stofzuiger (de)	['stɔf·zœɣxər]
fer (m) à repasser	strijkijzer (het)	['strɛjk·ɛjzər]
planche (f) à repasser	strijkplank (de)	['strɛjk·plank]
téléphone (m)	telefoon (de)	[telə'fōn]
portable (m)	mobieltje (het)	[mɔ'biltʃe]

machine (f) à écrire	**schrijfmachine (de)**	['sxrɛjf·ma'ʃinə]
machine (f) à coudre	**naaimachine (de)**	['nāj·ma'ʃinə]
micro (m)	**microfoon (de)**	[mikrɔ'fōn]
écouteurs (m pl)	**koptelefoon (de)**	['kɔp·telə'fōn]
télécommande (f)	**afstandsbediening (de)**	['afstants·bə'diniŋ]
CD (m)	**CD (de)**	[se'de]
cassette (f)	**cassette (de)**	[ka'sɛtə]
disque (m) (vinyle)	**vinylplaat (de)**	[vi'nil·plāt]

LA TERRE. LE TEMPS

74. L'espace cosmique
75. La Terre
76. Les quatre parties du monde
77. Les océans et les mers
78. Les noms des mers et des océans
79. Les montagnes
80. Les noms des chaînes de montagne
81. Les fleuves
82. Les noms des fleuves
83. La forêt
84. Les ressources naturelles
85. Le temps
86. Les intempéries.
    Les catastrophes naturelles

T&P Books Publishing

cosmos (m)	kosmos (de)	['kɔsmɔs]
cosmique (adj)	kosmisch	['kɔsmis]
espace (m) cosmique	kosmische ruimte (de)	['kɔsmisə 'rœʏmtə]
monde (m)	wereld (de)	['werəlt]
univers (m)	heelal (het)	[hě'lal]
galaxie (f)	sterrenstelsel (het)	['stɛrən·'stɛlsəl]
étoile (f)	ster (de)	[stɛr]
constellation (f)	sterrenbeeld (het)	['stɛrən·bělt]
planète (f)	planeet (de)	[pla'nět]
satellite (m)	satelliet (de)	[satə'lit]
météorite (m)	meteoriet (de)	[meteo'rit]
comète (m)	komeet (de)	[kɔ'mět]
astéroïde (m)	asteroïde (de)	[aste'rɔidə]
orbite (f)	baan (de)	[bãn]
tourner (vi)	draaien	['drãjən]
atmosphère (f)	atmosfeer (de)	[atmɔ'sfěr]
Soleil (m)	Zon (de)	[zɔn]
système (m) solaire	zonnestelsel (het)	['zɔnə·stɛlsəl]
éclipse (f) de soleil	zonsverduistering (de)	['zɔns·vər'dœʏsteriŋ]
Terre (f)	Aarde (de)	['ãrdə]
Lune (f)	Maan (de)	[mãn]
Mars (m)	Mars (de)	[mars]
Vénus (f)	Venus (de)	['venʉs]
Jupiter (m)	Jupiter (de)	[jupi'tɛr]
Saturne (m)	Saturnus (de)	[sa'tʉrnʉs]
Mercure (m)	Mercurius (de)	[mər'kʉrijus]
Uranus (m)	Uranus (de)	[u'ranʉs]
Neptune	Neptunus (de)	[nep'tʉnʉs]
Pluton (m)	Pluto (de)	['plʉtɔ]
la Voie Lactée	Melkweg (de)	['mɛlk·wɛx]
la Grande Ours	Grote Beer (de)	['xrɔtə běr]
la Polaire	Poolster (de)	['pölstər]
martien (m)	marsmannetje (het)	['mars·'manɛtʃə]
extraterrestre (m)	buitenaards wezen (het)	['bœʏtən·ãrts 'wezən]

| alien (m) | bovenaards (het) | ['bɔvən·ārts] |
| soucoupe (f) volante | vliegende schotel (de) | ['vlixəndə 'sxɔtəl] |

vaisseau (m) spatial	ruimtevaartuig (het)	['rœʏmtə·'vārtœʏx]
station (f) orbitale	ruimtestation (het)	['rœʏmtə·sta'tsjɔn]
lancement (m)	start (de)	[start]

moteur (m)	motor (de)	['mɔtɔr]
tuyère (f)	straalpijp (de)	['strāl·pɛjp]
carburant (m)	brandstof (de)	['brandstɔf]

cabine (f)	cabine (de)	[ka'binə]
antenne (f)	antenne (de)	[an'tɛnə]
hublot (m)	patrijspoort (de)	[pa'trɛjs·pōrt]
batterie (f) solaire	zonnebatterij (de)	['zɔnə·batə'rɛj]
scaphandre (m)	ruimtepak (het)	['rœʏmtə·pak]

| apesanteur (f) | gewichtloosheid (de) | [xə'wixtlō'shɛjt] |
| oxygène (m) | zuurstof (de) | ['zūrstɔf] |

| arrimage (m) | koppeling (de) | ['kɔpəliŋ] |
| s'arrimer à ... | koppeling maken | ['kɔpəliŋ 'makən] |

observatoire (m)	observatorium (het)	[ɔbsərva'tɔrijum]
télescope (m)	telescoop (de)	[telə'skōp]
observer (vt)	waarnemen	['wārnemən]
explorer (un cosmos)	exploreren	[ɛksplɔ'rerən]

75. La Terre

Terre (f)	Aarde (de)	['ārdə]
globe (m) terrestre	aardbol (de)	['ārd·bɔl]
planète (f)	planeet (de)	[pla'nēt]

atmosphère (f)	atmosfeer (de)	[atmɔ'sfēr]
géographie (f)	aardrijkskunde (de)	['ārdrɛjkskʉndə]
nature (f)	natuur (de)	[na'tūr]

globe (m) de table	wereldbol (de)	['werəld·bɔl]
carte (f)	kaart (de)	[kārt]
atlas (m)	atlas (de)	['atlas]

Europe (f)	Europa (het)	[ø'rɔpa]
Asie (f)	Azië (het)	['āzijə]
Afrique (f)	Afrika (het)	['afrika]
Australie (f)	Australië (het)	[ɔu'straliə]

Amérique (f)	Amerika (het)	[a'merika]
Amérique (f) du Nord	Noord-Amerika (het)	[nōrd-a'merika]
Amérique (f) du Sud	Zuid-Amerika (het)	['zœʏd-a'merika]

| l'Antarctique (m) | Antarctica (het) | [an'tarktika] |
| l'Arctique (m) | Arctis (de) | ['arktis] |

76. Les quatre parties du monde

nord (m)	noorden (het)	['nõrdən]
vers le nord	naar het noorden	[nãr ət 'nõrdən]
au nord	in het noorden	[in ət 'nõrdən]
du nord (adj)	noordelijk	['nõrdələk]

sud (m)	zuiden (het)	['zœydən]
vers le sud	naar het zuiden	[nãr ət zœydən]
au sud	in het zuiden	[in ət 'zœydən]
du sud (adj)	zuidelijk	['zœydələk]

ouest (m)	westen (het)	['wɛstən]
vers l'occident	naar het westen	[nãr ət 'wɛstən]
à l'occident	in het westen	[in ət 'wɛstən]
occidental (adj)	westelijk	['wɛstələk]

est (m)	oosten (het)	['õstən]
vers l'orient	naar het oosten	[nãr ət 'õstən]
à l'orient	in het oosten	[in ət 'õstən]
oriental (adj)	oostelijk	['õstələk]

77. Les océans et les mers

mer (f)	zee (de)	[zē]
océan (m)	oceaan (de)	[ɔse'ãn]
golfe (m)	golf (de)	[xɔlf]
détroit (m)	straat (de)	[strãt]

terre (f) ferme	grond (de)	['xrɔnt]
continent (m)	continent (het)	[kɔnti'nɛnt]
île (f)	eiland (het)	['ɛjlant]
presqu'île (f)	schiereiland (het)	['sxir·ɛjlant]
archipel (m)	archipel (de)	[arxipɛl]

baie (f)	baai, bocht (de)	[bãj], [bɔxt]
port (m)	haven (de)	['havən]
lagune (f)	lagune (de)	[la'xʉnə]
cap (m)	kaap (de)	[kãp]

atoll (m)	atol (de)	[a'tɔl]
récif (m)	rif (het)	[rif]
corail (m)	koraal (het)	[kɔ'rãl]
récif (m) de corail	koraalrif (het)	[kɔ'rãl·rif]
profond (adj)	diep	[dip]

profondeur (f)	diepte (de)	['diptə]
abîme (m)	diepzee (de)	[dip·zē]
fosse (f) océanique	trog (de)	[trɔx]

| courant (m) | stroming (de) | ['strɔmiŋ] |
| baigner (vt) (mer) | omspoelen | ['ɔmspulən] |

| littoral (m) | oever (de) | ['uvər] |
| côte (f) | kust (de) | [kʉst] |

marée (f) haute	vloed (de)	['vlut]
marée (f) basse	eb (de)	[ɛb]
banc (m) de sable	ondiepte (de)	[ɔn'diptə]
fond (m)	bodem (de)	['bɔdəm]

vague (f)	golf (de)	[xɔlf]
crête (f) de la vague	golfkam (de)	['xɔlfkam]
mousse (f)	schuim (het)	['sxœʏm]

tempête (f) en mer	storm (de)	[stɔrm]
ouragan (m)	orkaan (de)	[ɔr'kān]
tsunami (m)	tsunami (de)	[tsʉ'nami]
calme (m)	windstilte (de)	['wind·stiltə]
calme (tranquille)	kalm	[kalm]

| pôle (m) | pool (de) | [pōl] |
| polaire (adj) | polair | [po'lɛr] |

latitude (f)	breedtegraad (de)	['brētə·xrāt]
longitude (f)	lengtegraad (de)	['lɛŋtə·xrāt]
parallèle (f)	parallel (de)	[para'lɛl]
équateur (m)	evenaar (de)	['ɛvənār]

ciel (m)	hemel (de)	['heməl]
horizon (m)	horizon (de)	['hɔrizɔn]
air (m)	lucht (de)	[lʉxt]

phare (m)	vuurtoren (de)	['vūr·tɔrən]
plonger (vi)	duiken	['dœʏkən]
sombrer (vi)	zinken	['zinkən]
trésor (m)	schatten	['sxatən]

78. Les noms des mers et des océans

océan (m) Atlantique	Atlantische Oceaan (de)	[at'lantisə ɔse'ān]
océan (m) Indien	Indische Oceaan (de)	['indisə ɔse'ān]
océan (m) Pacifique	Stille Oceaan (de)	['stilə ɔse'ān]
océan (m) Glacial	Noordelijke IJszee (de)	['nōrdələkə 'ɛjs·zē]
mer (f) Noire	Zwarte Zee (de)	['zwartə zē]
mer (f) Rouge	Rode Zee (de)	['rɔdə zē]

mer (f) Jaune	Gele Zee (de)	['xelə zē]
mer (f) Blanche	Witte Zee (de)	['witə zē]
mer (f) Caspienne	Kaspische Zee (de)	['kaspisə zē]
mer (f) Morte	Dode Zee (de)	['dodə zē]
mer (f) Méditerranée	Middellandse Zee (de)	['midəlandsə zē]
mer (f) Égée	Egeïsche Zee (de)	[ɛ'xejsə zē]
mer (f) Adriatique	Adriatische Zee (de)	[adri'atisə zē]
mer (f) Arabique	Arabische Zee (de)	[a'rabisə zē]
mer (f) du Japon	Japanse Zee (de)	[ja'pansə zē]
mer (f) de Béring	Beringzee (de)	['beriŋ·zē]
mer (f) de Chine Méridionale	Zuid-Chinese Zee (de)	['zœyd-ʃi'nesə zē]
mer (f) de Corail	Koraalzee (de)	[kɔ'rāl·zē]
mer (f) de Tasman	Tasmanzee (de)	['tasman·zē]
mer (f) Caraïbe	Caribische Zee (de)	[ka'ribisə zē]
mer (f) de Barents	Barentszzee (de)	['barənts·zē]
mer (f) de Kara	Karische Zee (de)	['karisə zē]
mer (f) du Nord	Noordzee (de)	['nōrd·zē]
mer (f) Baltique	Baltische Zee (de)	['baltisə zē]
mer (f) de Norvège	Noorse Zee (de)	['nōrsə zē]

79. Les montagnes

montagne (f)	berg (de)	[bɛrx]
chaîne (f) de montagnes	bergketen (de)	['bɛrx·'ketən]
crête (f)	gebergte (het)	[xə'bɛrxtə]
sommet (m)	bergtop (de)	['bɛrx·tɔp]
pic (m)	bergpiek (de)	['bɛrx·pik]
pied (m)	voet (de)	[vut]
pente (f)	helling (de)	['heliŋ]
volcan (m)	vulkaan (de)	[vʉl'kān]
volcan (m) actif	actieve vulkaan (de)	[ak'tivə vʉl'kān]
volcan (m) éteint	uitgedoofde vulkaan (de)	['œytxədōfdə vyl'kān]
éruption (f)	uitbarsting (de)	['œytbarstiŋ]
cratère (m)	krater (de)	['kratər]
magma (m)	magma (het)	['maxma]
lave (f)	lava (de)	['lava]
en fusion (lave ~)	gloeiend	['xlʉjənt]
canyon (m)	kloof (de)	[klōf]
défilé (m) (gorge)	bergkloof (de)	['bɛrx·klōf]

crevasse (f)	spleet (de)	[splet]
précipice (m)	afgrond (de)	['afxrɔnt]
col (m) de montagne	bergpas (de)	['bɛrx·pas]
plateau (m)	plateau (het)	[pla'tɔ]
rocher (m)	klip (de)	[klip]
colline (f)	heuvel (de)	['høvəl]
glacier (m)	gletsjer (de)	['xletʃər]
chute (f) d'eau	waterval (de)	['watər·val]
geyser (m)	geiser (de)	['xɛjzər]
lac (m)	meer (het)	[mēr]
plaine (f)	vlakte (de)	['vlaktə]
paysage (m)	landschap (het)	['landsxap]
écho (m)	echo (de)	['ɛxɔ]
alpiniste (m)	alpinist (de)	[alpi'nist]
varappeur (m)	bergbeklimmer (de)	['bɛrx·bə'klimər]
conquérir (vt)	trotseren	[trɔ'tserən]
ascension (f)	beklimming (de)	[bə'klimiŋ]

80. Les noms des chaînes de montagne

Alpes (f pl)	Alpen (de)	['alpən]
Mont Blanc (m)	Mont Blanc (de)	[mɔn blan]
Pyrénées (f pl)	Pyreneeën (de)	[pirə'nēən]
Carpates (f pl)	Karpaten (de)	[kar'patən]
Monts Oural (m pl)	Oeralgebergte (het)	[ural·xə'bɛrxtə]
Caucase (m)	Kaukasus (de)	[kau'kazʉs]
Elbrous (m)	Elbroes (de)	[ɛlb'rus]
Altaï (m)	Altaj (de)	[al'taj]
Tian Chan (m)	Tiensjan (de)	[ti'ɛnçan]
Pamir (m)	Pamir (de)	[pa'mir]
Himalaya (m)	Himalaya (de)	[hima'laja]
Everest (m)	Everest (de)	['ɛverɛst]
Andes (f pl)	Andes (de)	['andɛs]
Kilimandjaro (m)	Kilimanjaro (de)	[kiliman'dʒarɔ]

81. Les fleuves

rivière (f), fleuve (m)	rivier (de)	[ri'vir]
source (f)	bron (de)	[brɔn]
lit (m) (d'une rivière)	riverbedding (de)	[ri'vir·'bɛdiŋ]
bassin (m)	rivierbekken (het)	[ri'vir·'bɛkən]

se jeter dans ...	uitmonden in ...	['œytmɔndən in]
affluent (m)	zijrivier (de)	[zɛj·ri'vir]
rive (f)	oever (de)	['uvər]

courant (m)	stroming (de)	['strɔmiŋ]
en aval	stroomafwaarts	[strõm·'afwãrts]
en amont	stroomopwaarts	[strõm·'ɔpwãrts]

inondation (f)	overstroming (de)	[ɔvər'strɔmiŋ]
les grandes crues	overstroming (de)	[ɔvər'strɔmiŋ]
déborder (vt)	buiten zijn	['bœytən zɛjn
	oevers treden	'uvərs 'trɛdən]
inonder (vt)	overstromen	[ɔvər'strɔmən]

| bas-fond (m) | zandbank (de) | ['zant·bank] |
| rapide (m) | stroomversnelling (de) | [strõm·vər'sneliŋ] |

barrage (m)	dam (de)	[dam]
canal (m)	kanaal (het)	[ka'nãl]
lac (m) de barrage	spaarbekken (het)	['spãr·bɛkən]
écluse (f)	sluis (de)	['slœys]

plan (m) d'eau	waterlichaam (het)	['watər·'lixãm]
marais (m)	moeras (het)	[mu'ras]
fondrière (f)	broek (het)	[bruk]
tourbillon (m)	draaikolk (de)	['drãj·kɔlk]

ruisseau (m)	stroom (de)	[strõm]
potable (adj)	drink-	[drink]
douce (l'eau ~)	zoet	[zut]

| glace (f) | ijs (het) | [ɛjs] |
| être gelé | bevriezen | [bə'vrizən] |

82. Les noms des fleuves

| Seine (f) | Seine (de) | ['sɛjnə] |
| Loire (f) | Loire (de) | [lu'arə] |

Tamise (f)	Theems (de)	['tɛjms]
Rhin (m)	Rijn (de)	['rɛjn]
Danube (m)	Donau (de)	['dɔnau]

Volga (f)	Wolga (de)	['wɔlxa]
Don (m)	Don (de)	[dɔn]
Lena (f)	Lena (de)	['lena]

Huang He (m)	Gele Rivier (de)	['xelə ri'vir]
Yangzi Jiang (m)	Blauwe Rivier (de)	['blauə ri'vir]
Mékong (m)	Mekong (de)	[me'kɔŋ]

Gange (m)	**Ganges (de)**	['xaŋəs]
Nil (m)	**Nijl (de)**	['nɛjl]
Congo (m)	**Kongo (de)**	['kɔnxɔ]
Okavango (m)	**Okavango (de)**	[ɔka'vanxɔ]
Zambèze (m)	**Zambezi (de)**	[zam'bezi]
Limpopo (m)	**Limpopo (de)**	[lim'pɔpɔ]
Mississippi (m)	**Mississippi (de)**	[misi'sipi]

83. La forêt

forêt (f)	**bos (het)**	[bɔs]
forestier (adj)	**bos-**	[bɔs]
fourré (m)	**oerwoud (het)**	['urwaut]
bosquet (m)	**bosje (het)**	['bɔɕə]
clairière (f)	**open plek (de)**	['ɔpən plek]
broussailles (f pl)	**struikgewas (het)**	['strœyk·xe'was]
taillis (m)	**struiken**	['strœykən]
sentier (m)	**paadje (het)**	['pādjə]
ravin (m)	**ravijn (het)**	[ra'vɛjn]
arbre (m)	**boom (de)**	[bōm]
feuille (f)	**blad (het)**	[blat]
feuillage (m)	**gebladerte (het)**	[xə'bladərtə]
chute (f) de feuilles	**vallende bladeren**	['valəndə 'bladərən]
tomber (feuilles)	**vallen**	['valən]
sommet (m)	**boomtop (de)**	['bōm·tɔp]
rameau (m)	**tak (de)**	[tak]
branche (f)	**ent (de)**	[ɛnt]
bourgeon (m)	**knop (de)**	[knɔp]
aiguille (f)	**naald (de)**	[nālt]
pomme (f) de pin	**dennenappel (de)**	['dɛnən·'apəl]
creux (m)	**boom holte (de)**	[bōm 'hɔltə]
nid (m)	**nest (het)**	[nɛst]
terrier (m) (~ d'un renard)	**hol (het)**	[hɔl]
tronc (m)	**stam (de)**	[stam]
racine (f)	**wortel (de)**	['wortəl]
écorce (f)	**schors (de)**	[sxɔrs]
mousse (f)	**mos (het)**	[mɔs]
déraciner (vt)	**ontwortelen**	[ɔnt'wortələn]
abattre (un arbre)	**kappen**	['kapən]
déboiser (vt)	**ontbossen**	[ɔn'bɔsən]
souche (f)	**stronk (de)**	[strɔnk]

feu (m) de bois	kampvuur (het)	['kampvūr]
incendie (m)	bosbrand (de)	['bɔs·brant]
éteindre (feu)	blussen	['blʉsən]

garde (m) forestier	boswachter (de)	[bɔs·'waxtər]
protection (f)	bescherming (de)	[bə'sxɛrmiŋ]
protéger (vt)	beschermen	[bə'sxɛrmən]
braconnier (m)	stroper (de)	['strɔpər]
piège (m) à mâchoires	val (de)	[val]

cueillir (vt)	plukken	['plʉkən]
s'égarer (vp)	verdwalen	[vərd'walən]
	(de weg kwijt zijn)	

84. Les ressources naturelles

ressources (f pl) naturelles	natuurlijke rijkdommen	[na'tūrləkə 'rɛjkdɔmən]
minéraux (m pl)	delfstoffen	['dɛlfstɔfən]
gisement (m)	lagen	['laxən]
champ (m) (~ pétrolifère)	veld (het)	[vɛlt]

extraire (vt)	winnen	['winən]
extraction (f)	winning (de)	['winiŋ]
minerai (m)	erts (het)	[ɛrts]
mine (f) (site)	mijn (de)	[mɛjn]
puits (m) de mine	mijnschacht (de)	['mɛjn·sxaxt]
mineur (m)	mijnwerker (de)	['mɛjn·wɛrkər]

gaz (m)	gas (het)	[xas]
gazoduc (m)	gasleiding (de)	[xas·'lɛjdiŋ]

pétrole (m)	olie (de)	['ɔli]
pipeline (m)	olieleiding (de)	['ɔli·'lɛjdiŋ]
tour (f) de forage	oliebron (de)	['ɔli·brɔn]
derrick (m)	boortoren (de)	[bɔr·'tɔrən]
pétrolier (m)	tanker (de)	['tankər]

sable (m)	zand (het)	[zant]
calcaire (m)	kalksteen (de)	['kalkstēn]
gravier (m)	grind (het)	[xrint]
tourbe (f)	veen (het)	[vēn]
argile (f)	klei (de)	[klɛj]
charbon (m)	steenkool (de)	['stēn·kōl]

fer (m)	ijzer (het)	['ɛjzər]
or (m)	goud (het)	['xaut]
argent (m)	zilver (het)	['zilvər]
nickel (m)	nikkel (het)	['nikəl]
cuivre (m)	koper (het)	['kɔpər]
zinc (m)	zink (het)	[zink]

manganèse (m)	**mangaan (het)**	[man'xān]
mercure (m)	**kwik (het)**	['kwik]
plomb (m)	**lood (het)**	[lōt]

minéral (m)	**mineraal (het)**	[minə'rāl]
cristal (m)	**kristal (het)**	[kris'tal]
marbre (m)	**marmer (het)**	['marmər]
uranium (m)	**uraan (het)**	[ju'rān]

85. Le temps

temps (m)	**weer (het)**	[wēr]
météo (f)	**weersvoorspelling (de)**	['wērs·vōr'spɛliŋ]
température (f)	**temperatuur (de)**	[tɛmpəra'tūr]
thermomètre (m)	**thermometer (de)**	['tɛrmɔmetər]
baromètre (m)	**barometer (de)**	['barɔ'metər]

humide (adj)	**vochtig**	['vɔhtəx]
humidité (f)	**vochtigheid (de)**	['vɔhtixhɛjt]
chaleur (f) (canicule)	**hitte (de)**	['hitə]
torride (adj)	**heet**	[hēt]
il fait très chaud	**het is heet**	[ət is hēt]

il fait chaud	**het is warm**	[ət is warm]
chaud (modérément)	**warm**	[warm]

il fait froid	**het is koud**	[ət is 'kaut]
froid (adj)	**koud**	['kaut]

soleil (m)	**zon (de)**	[zɔn]
briller (soleil)	**schijnen**	['sxɛjnən]
ensoleillé (jour ~)	**zonnig**	['zɔnɛx]
se lever (vp)	**opgaan**	['ɔpxān]
se coucher (vp)	**ondergaan**	['ɔndərxān]

nuage (m)	**wolk (de)**	[wɔlk]
nuageux (adj)	**bewolkt**	[bə'wɔlkt]
nuée (f)	**regenwolk (de)**	['rexən·wɔlk]
sombre (adj)	**somber**	['sɔmbər]

pluie (f)	**regen (de)**	['rexən]
il pleut	**het regent**	[ət 'rexənt]
pluvieux (adj)	**regenachtig**	['rexənaxtəx]
bruiner (v imp)	**motregenen**	['mɔtrexənən]

pluie (f) torrentielle	**plensbui (de)**	['plɛnsbœy]
averse (f)	**stortbui (de)**	['stɔrt·bœy]
forte (la pluie ~)	**hard**	[hart]
flaque (f)	**plas (de)**	[plas]
se faire mouiller	**nat worden**	[nat 'wɔrdən]

brouillard (m)	**mist (de)**	[mist]
brumeux (adj)	**mistig**	['mistəx]
neige (f)	**sneeuw (de)**	[snēw]
il neige	**het sneeuwt**	[ət 'snēwt]

86. Les intempéries. Les catastrophes naturelles

orage (m)	**noodweer (het)**	['nɔtwer]
éclair (m)	**bliksem (de)**	['bliksəm]
éclater (foudre)	**flitsen**	['flitsən]
tonnerre (m)	**donder (de)**	['dɔndər]
gronder (tonnerre)	**donderen**	['dɔndərən]
le tonnerre gronde	**het dondert**	[ət 'dɔndərt]
grêle (f)	**hagel (de)**	['haxəl]
il grêle	**het hagelt**	[ət 'haxəlt]
inonder (vt)	**overstromen**	[ɔvər'strɔmən]
inondation (f)	**overstroming (de)**	[ɔvər'strɔmiŋ]
tremblement (m) de terre	**aardbeving (de)**	['ārd·beviŋ]
secousse (f)	**aardschok (de)**	['ārd·sxɔk]
épicentre (m)	**epicentrum (het)**	[ɛpi'sɛntrʉm]
éruption (f)	**uitbarsting (de)**	['œytbarstiŋ]
lave (f)	**lava (de)**	['lava]
tourbillon (m)	**wervelwind (de)**	['wɛrvəl·vint]
tornade (f)	**windhoos (de)**	['windhōs]
typhon (m)	**tyfoon (de)**	[taj'fōn]
ouragan (m)	**orkaan (de)**	[ɔr'kān]
tempête (f)	**storm (de)**	[stɔrm]
tsunami (m)	**tsunami (de)**	[tsʉ'nami]
cyclone (m)	**cycloon (de)**	[si'klōn]
intempéries (f pl)	**onweer (het)**	['ɔnwēr]
incendie (m)	**brand (de)**	[brant]
catastrophe (f)	**ramp (de)**	[ramp]
météorite (m)	**meteoriet (de)**	[meteɔ'rit]
avalanche (f)	**lawine (de)**	[la'winə]
éboulement (m)	**sneeuwverschuiving (de)**	['snēw·'fɛrsxœyviŋ]
blizzard (m)	**sneeuwjacht (de)**	['snēw·jaxt]
tempête (f) de neige	**sneeuwstorm (de)**	['snēw·stɔrm]

T&P BOOKS

LA FAUNE

87. Les mammifères. Les prédateurs
88. Les animaux sauvages
89. Les animaux domestiques
90. Les oiseaux
91. Les poissons. Les animaux marins
92. Les amphibiens. Les reptiles
93. Les insectes

T&P Books Publishing

87. Les mammifères. Les prédateurs

prédateur (m)	roofdier (het)	['rōf·dīr]
tigre (m)	tijger (de)	['tɛjxər]
lion (m)	leeuw (de)	[lēw]
loup (m)	wolf (de)	[wɔlf]
renard (m)	vos (de)	[vɔs]
jaguar (m)	jaguar (de)	['jaguar]
léopard (m)	luipaard (de)	['lœɣpārt]
guépard (m)	jachtluipaard (de)	['jaxt·lœɣpārt]
panthère (f)	panter (de)	['pantər]
puma (m)	poema (de)	['puma]
léopard (m) de neiges	sneeuwluipaard (de)	['snēw·lœɣpārt]
lynx (m)	lynx (de)	[links]
coyote (m)	coyote (de)	[kɔ'jot]
chacal (m)	jakhals (de)	['jakhals]
hyène (f)	hyena (de)	[hi'ena]

88. Les animaux sauvages

animal (m)	dier (het)	[dīr]
bête (f)	beest (het)	[bēst]
écureuil (m)	eekhoorn (de)	['ēkhōrn]
hérisson (m)	egel (de)	['exəl]
lièvre (m)	haas (de)	[hās]
lapin (m)	konijn (het)	[kɔ'nɛjn]
blaireau (m)	das (de)	[das]
raton (m)	wasbeer (de)	['wasbēr]
hamster (m)	hamster (de)	['hamstər]
marmotte (f)	marmot (de)	[mar'mɔt]
taupe (f)	mol (de)	[mɔl]
souris (f)	muis (de)	[mœɣs]
rat (m)	rat (de)	[rat]
chauve-souris (f)	vleermuis (de)	['vlēr·mœɣs]
hermine (f)	hermelijn (de)	[hɛrmə'lɛjn]
zibeline (f)	sabeldier (het)	['sabəl·dīr]
martre (f)	marter (de)	['martər]

belette (f)	**wezel (de)**	['wezəl]
vison (m)	**nerts (de)**	[nɛrts]
castor (m)	**bever (de)**	['bɛvər]
loutre (f)	**otter (de)**	['ɔtər]
cheval (m)	**paard (het)**	[pãrt]
élan (m)	**eland (de)**	['ɛlant]
cerf (m)	**hert (het)**	[hɛrt]
chameau (m)	**kameel (de)**	[ka'mēl]
bison (m)	**bizon (de)**	[bi'zɔn]
aurochs (m)	**oeros (de)**	['urɔs]
buffle (m)	**buffel (de)**	['bʉfəl]
zèbre (m)	**zebra (de)**	['zɛbra]
antilope (f)	**antilope (de)**	[anti'lɔpə]
chevreuil (m)	**ree (de)**	[rē]
biche (f)	**damhert (het)**	['damhɛrt]
chamois (m)	**gems (de)**	[xɛms]
sanglier (m)	**everzwijn (het)**	['ɛvər·zwɛjn]
baleine (f)	**walvis (de)**	['walvis]
phoque (m)	**rob (de)**	[rɔb]
morse (m)	**walrus (de)**	['walrʉs]
ours (m) de mer	**zeehond (de)**	['zē·hɔnt]
dauphin (m)	**dolfijn (de)**	[dɔl'fɛjn]
ours (m)	**beer (de)**	[bēr]
ours (m) blanc	**ijsbeer (de)**	['ɛjs·bēr]
panda (m)	**panda (de)**	['panda]
singe (m)	**aap (de)**	[ãp]
chimpanzé (m)	**chimpansee (de)**	[ʃimpan'sē]
orang-outang (m)	**orang-oetan (de)**	[ɔ'raŋ-utaŋ]
gorille (m)	**gorilla (de)**	[xɔ'rila]
macaque (m)	**makaak (de)**	[ma'kāk]
gibbon (m)	**gibbon (de)**	['xibɔn]
éléphant (m)	**olifant (de)**	['ɔlifant]
rhinocéros (m)	**neushoorn (de)**	['nøshõrn]
girafe (f)	**giraffe (de)**	[xi'rafə]
hippopotame (m)	**nijlpaard (het)**	['nɛjl·pãrt]
kangourou (m)	**kangoeroe (de)**	['kanxəru]
koala (m)	**koala (de)**	[ko'ala]
mangouste (f)	**mangoest (de)**	[man'xust]
chinchilla (m)	**chinchilla (de)**	[ʃin'ʃila]
mouffette (f)	**stinkdier (het)**	['stink·dīr]
porc-épic (m)	**stekelvarken (het)**	['stekəl·'varkən]

89. Les animaux domestiques

chat (m) (femelle)	poes (de)	[pus]
chat (m) (mâle)	kater (de)	['katər]
cheval (m)	paard (het)	[pãrt]
étalon (m)	hengst (de)	[hɛŋst]
jument (f)	merrie (de)	['mɛri]
vache (f)	koe (de)	[ku]
taureau (m)	stier (de)	[stir]
bœuf (m)	os (de)	[ɔs]
brebis (f)	schaap (het)	[sxãp]
mouton (m)	ram (de)	[ram]
chèvre (f)	geit (de)	[xɛjt]
bouc (m)	bok (de)	[bɔk]
âne (m)	ezel (de)	['ezəl]
mulet (m)	muilezel (de)	[mœʏlezəl]
cochon (m)	varken (het)	['varkən]
pourceau (m)	biggetje (het)	['bixətʃə]
lapin (m)	konijn (het)	[kɔ'nɛjn]
poule (f)	kip (de)	[kip]
coq (m)	haan (de)	[hãn]
canard (m)	eend (de)	[ēnt]
canard (m) mâle	woerd (de)	[wurt]
oie (f)	gans (de)	[xans]
dindon (m)	kalkoen haan (de)	[kal'kun hãn]
dinde (f)	kalkoen (de)	[kal'kun]
animaux (m pl) domestiques	huisdieren	['hœʏs·'dīrən]
apprivoisé (adj)	tam	[tam]
apprivoiser (vt)	temmen, tam maken	['tɛmən], [tam 'makən]
élever (vt)	fokken	['fɔkən]
ferme (f)	boerderij (de)	[burdə'rɛj]
volaille (f)	gevogelte (het)	[xə'vɔxəltə]
bétail (m)	rundvee (het)	['rʉntvē]
troupeau (m)	kudde (de)	['kʉdə]
écurie (f)	paardenstal (de)	['pãrdən·stal]
porcherie (f)	zwijnenstal (de)	['zwɛjnən·stal]
vacherie (f)	koeienstal (de)	['kujen·stal]
cabane (f) à lapins	konijnenhok (het)	[kɔ'nɛjnən·hɔk]
poulailler (m)	kippenhok (het)	['kipən·hɔk]

90. Les oiseaux

oiseau (m)	vogel (de)	['vɔxəl]
pigeon (m)	duif (de)	['dœʏf]
moineau (m)	mus (de)	[mʉs]
mésange (f)	koolmees (de)	['kōlmēs]
pie (f)	ekster (de)	['ɛkstər]
corbeau (m)	raaf (de)	[rāf]
corneille (f)	kraai (de)	[krāj]
choucas (m)	kauw (de)	['kau]
freux (m)	roek (de)	[ruk]
canard (m)	eend (de)	[ēnt]
oie (f)	gans (de)	[xans]
faisan (m)	fazant (de)	[fa'zant]
aigle (m)	arend (de)	['arənt]
épervier (m)	havik (de)	['havik]
faucon (m)	valk (de)	[valk]
vautour (m)	gier (de)	[xir]
condor (m)	condor (de)	['kɔndɔr]
cygne (m)	zwaan (de)	[zwān]
grue (f)	kraanvogel (de)	['krān·vɔxəl]
cigogne (f)	ooievaar (de)	['ōjevār]
perroquet (m)	papegaai (de)	[papə'xāj]
colibri (m)	kolibrie (de)	[kɔ'libri]
paon (m)	pauw (de)	['pau]
autruche (f)	struisvogel (de)	['strœʏs·vɔxəl]
héron (m)	reiger (de)	['rɛjxər]
flamant (m)	flamingo (de)	[fla'mingɔ]
pélican (m)	pelikaan (de)	[peli'kān]
rossignol (m)	nachtegaal (de)	['nahtəxāl]
hirondelle (f)	zwaluw (de)	['zwalʉv]
merle (m)	lijster (de)	['lɛjstər]
grive (f)	zanglijster (de)	[ˌzaŋ·'lɛjstər]
merle (m) noir	merel (de)	['merəl]
martinet (m)	gierzwaluw (de)	[xirz'walʉw]
alouette (f) des champs	leeuwerik (de)	['lēwərik]
caille (f)	kwartel (de)	['kwartəl]
pivert (m)	specht (de)	[spɛxt]
coucou (m)	koekoek (de)	['kukuk]
chouette (f)	uil (de)	['œʏl]
hibou (m)	oehoe (de)	['uhu]

tétras (m)	auerhoen (het)	['auər·hun]
tétras-lyre (m)	korhoen (het)	['kɔrhun]
perdrix (f)	patrijs (de)	[pa'trɛjs]

étourneau (m)	spreeuw (de)	[sprēw]
canari (m)	kanarie (de)	[ka'nari]
gélinotte (f) des bois	hazelhoen (het)	['hazəlhun]
pinson (m)	vink (de)	[vink]
bouvreuil (m)	goudvink (de)	['xaudvink]

mouette (f)	meeuw (de)	[mēw]
albatros (m)	albatros (de)	[albatrɔs]
pingouin (m)	pinguïn (de)	['piŋgwin]

91. Les poissons. Les animaux marins

brème (f)	brasem (de)	['brasəm]
carpe (f)	karper (de)	['karpər]
perche (f)	baars (de)	[bārs]
silure (m)	meerval (de)	['mērval]
brochet (m)	snoek (de)	[snuk]

| saumon (m) | zalm (de) | [zalm] |
| esturgeon (m) | steur (de) | ['stør] |

hareng (m)	haring (de)	['hariŋ]
saumon (m) atlantique	atlantische zalm (de)	[at'lantisə zalm]
maquereau (m)	makreel (de)	[ma'krēl]
flet (m)	platvis (de)	['platvis]

sandre (f)	snoekbaars (de)	['snukbārs]
morue (f)	kabeljauw (de)	[kabə'ljau]
thon (m)	tonijn (de)	[tɔ'nɛjn]
truite (f)	forel (de)	[fɔ'rɛl]

anguille (f)	paling (de)	[pa'liŋ]
torpille (f)	sidderrog (de)	['sidər·rɔx]
murène (f)	murene (de)	[mʉ'rɛnə]
piranha (m)	piranha (de)	[pi'ranja]

requin (m)	haai (de)	[hāj]
dauphin (m)	dolfijn (de)	[dɔl'fɛjn]
baleine (f)	walvis (de)	['walvis]

crabe (m)	krab (de)	[krab]
méduse (f)	kwal (de)	['kwal]
pieuvre (f), poulpe (m)	octopus (de)	['ɔktɔpʉs]

| étoile (f) de mer | zeester (de) | ['zē·stər] |
| oursin (m) | zee-egel (de) | [zē-'exəl] |

hippocampe (m)	zeepaardje (het)	['zē·pārtjə]
huître (f)	oester (de)	['ustər]
crevette (f)	garnaal (de)	[xar'nāl]
homard (m)	kreeft (de)	[krēft]
langoustine (f)	langoest (de)	[lan'xust]

92. Les amphibiens. Les reptiles

serpent (m)	slang (de)	[slaŋ]
venimeux (adj)	giftig	['xiftəx]
vipère (f)	adder (de)	['adər]
cobra (m)	cobra (de)	['kɔbra]
python (m)	python (de)	['pitɔn]
boa (m)	boa (de)	['bɔa]
couleuvre (f)	ringslang (de)	['riŋ·slaŋ]
serpent (m) à sonnettes	ratelslang (de)	['ratəl·slaŋ]
anaconda (m)	anaconda (de)	[ana'kɔnda]
lézard (m)	hagedis (de)	['haxədis]
iguane (m)	leguaan (de)	[lexʉ'ān]
varan (m)	varaan (de)	[va'rān]
salamandre (f)	salamander (de)	[sala'mandər]
caméléon (m)	kameleon (de)	[kamele'ɔn]
scorpion (m)	schorpioen (de)	[sxɔrpi'un]
tortue (f)	schildpad (de)	['sxildpat]
grenouille (f)	kikker (de)	['kikər]
crapaud (m)	pad (de)	[pat]
crocodile (m)	krokodil (de)	[krɔkɔ'dil]

93. Les insectes

insecte (m)	insect (het)	[in'sɛkt]
papillon (m)	vlinder (de)	['vlindər]
fourmi (f)	mier (de)	[mir]
mouche (f)	vlieg (do)	[vlix]
moustique (m)	mug (de)	[mʉx]
scarabée (m)	kever (de)	['kevər]
guêpe (f)	wesp (de)	[wɛsp]
abeille (f)	bij (de)	[bɛj]
bourdon (m)	hommel (de)	['hɔməl]
œstre (m)	horzel (de)	['hɔrsəl]
araignée (f)	spin (de)	[spin]
toile (f) d'araignée	spinnenweb (het)	['spinən·wɛb]

libellule (f)	**libel (de)**	[li'bɛl]
sauterelle (f)	**sprinkhaan (de)**	['sprinkhān]
papillon (m)	**nachtvlinder (de)**	['naxt·'vlindər]
cafard (m)	**kakkerlak (de)**	['kakərlak]
tique (f)	**teek (de)**	[tēk]
puce (f)	**vlo (de)**	[vlɔ]
moucheron (m)	**kriebelmug (de)**	['kribəl·mʉx]
criquet (m)	**treksprinkhaan (de)**	['trɛk·sprink'hān]
escargot (m)	**slak (de)**	[slak]
grillon (m)	**krekel (de)**	['krekəl]
luciole (f)	**glimworm (de)**	['xlim·wɔrm]
coccinelle (f)	**lieveheersbeestje (het)**	[livə'hērs·'bestʃə]
hanneton (m)	**meikever (de)**	['mɛjkəvər]
sangsue (f)	**bloedzuiger (de)**	['blud·zœʏxər]
chenille (f)	**rups (de)**	[rʉps]
ver (m)	**aardworm (de)**	['ārd·wɔrm]
larve (f)	**larve (de)**	['larvə]

T&P BOOKS

LA FLORE

94. Les arbres
95. Les arbustes
96. Les fruits. Les baies
97. Les fleurs. Les plantes
98. Les céréales

T&P Books Publishing

arbre (m)	boom (de)	[bõm]
à feuilles caduques	loof-	[lõf]
conifère (adj)	dennen-	['dɛnən]
à feuilles persistantes	groenblijvend	[xrun 'blɛjvənt]
pommier (m)	appelboom (de)	['apəl·bõm]
poirier (m)	perenboom (de)	['perən·bõm]
merisier (m)	zoete kers (de)	['zutə kɛrs]
cerisier (m)	zure kers (de)	['zʉrə kɛrs]
prunier (m)	pruimelaar (de)	[prœʏmə·lãr]
bouleau (m)	berk (de)	[bɛrk]
chêne (m)	eik (de)	[ɛjk]
tilleul (m)	linde (de)	['lində]
tremble (m)	esp (de)	[ɛsp]
érable (m)	esdoorn (de)	['ɛsdõrn]
épicéa (m)	spar (de)	[spar]
pin (m)	den (de)	[dɛn]
mélèze (m)	lariks (de)	['lariks]
sapin (m)	zilverspar (de)	['zilvər·spar]
cèdre (m)	ceder (de)	['sedər]
peuplier (m)	populier (de)	[popʉ'lir]
sorbier (m)	lijsterbes (de)	['lɛjstərbɛs]
saule (m)	wilg (de)	[wilx]
aune (m)	els (de)	[ɛls]
hêtre (m)	beuk (de)	['bøk]
orme (m)	iep (de)	[jep]
frêne (m)	es (de)	[ɛs]
marronnier (m)	kastanje (de)	[kas'tanjə]
magnolia (m)	magnolia (de)	[mah'nɔlija]
palmier (m)	palm (de)	[palm]
cyprès (m)	cipres (de)	[sip'rɛs]
palétuvier (m)	mangrove (de)	[man'xrɔvə]
baobab (m)	baobab (de)	['baɔbap]
eucalyptus (m)	eucalyptus (de)	[øka'liptʉs]
séquoia (m)	mammoetboom (de)	[ma'mut·bõm]

95. Les arbustes

buisson (m)	struik (de)	['strœɤk]
arbrisseau (m)	heester (de)	['hēstər]
vigne (f)	wijnstok (de)	['wɛjn·stɔk]
vigne (f) (vignoble)	wijngaard (de)	['wɛjnxārt]
framboise (f)	frambozenstruik (de)	[fram'bɔsən·'strœɤk]
cassis (m)	zwarte bes (de)	['zwartə bɛs]
groseille (f) rouge	rode bessenstruik (de)	['rɔdə 'bɛsən·strœɤk]
groseille (f) verte	kruisbessenstruik (de)	['krœɤs·'bɛsənstrœɤk]
acacia (m)	acacia (de)	[a'kaɕia]
berbéris (m)	zuurbes (de)	['zūr·bɛs]
jasmin (m)	jasmijn (de)	[jas'mɛjn]
genévrier (m)	jeneverbes (de)	[je'nɛvərbɛs]
rosier (m)	rozenstruik (de)	['rɔzən·strœɤk]
églantier (m)	hondsroos (de)	['hund·rōs]

96. Les fruits. Les baies

fruit (m)	vrucht (de)	[vrʉxt]
fruits (m pl)	vruchten	['vrʉxtən]
pomme (f)	appel (de)	['apəl]
poire (f)	peer (de)	[pēr]
prune (f)	pruim (de)	['prœɤm]
fraise (f)	aardbei (de)	['ārd·bɛj]
cerise (f)	zure kers (de)	['zʉrə kɛrs]
merise (f)	zoete kers (de)	['zutə kɛrs]
raisin (m)	druif (de)	[drœɤf]
framboise (f)	framboos (de)	[fram'bōs]
cassis (m)	zwarte bes (de)	['zwartə bɛs]
groseille (f) rouge	rode bes (de)	['rɔdə bɛs]
groseille (f) verte	kruisbes (de)	['krœɤsbɛs]
canneberge (f)	veenbes (de)	['vēnbɛs]
orange (f)	sinaasappel (de)	['sināsapəl]
mandarine (f)	mandarijn (de)	[manda'rɛjn]
ananas (m)	ananas (de)	['ananas]
banane (f)	banaan (de)	[ba'nān]
datte (f)	dadel (de)	['dadəl]
citron (m)	citroen (de)	[si'trun]
abricot (m)	abrikoos (de)	[abri'kōs]
pêche (f)	perzik (de)	['pɛrzik]

kiwi (m)	**kiwi (de)**	['kiwi]
pamplemousse (m)	**grapefruit (de)**	['grepfrut]
baie (f)	**bes (de)**	[bɛs]
baies (f pl)	**bessen**	['bɛsən]
airelle (f) rouge	**vossenbes (de)**	['vɔsənbɛs]
fraise (f) des bois	**bosaardbei (de)**	[bɔs·ārdbɛj]
myrtille (f)	**bosbes (de)**	['bɔsbɛs]

97. Les fleurs. Les plantes

fleur (f)	**bloem (de)**	[blum]
bouquet (m)	**boeket (het)**	[bu'kɛt]
rose (f)	**roos (de)**	[rõs]
tulipe (f)	**tulp (de)**	[tʉlp]
oeillet (m)	**anjer (de)**	['anjer]
glaïeul (m)	**gladiool (de)**	[xladi'ōl]
bleuet (m)	**korenbloem (de)**	['kɔrənblum]
campanule (f)	**klokje (het)**	['klɔkjə]
dent-de-lion (f)	**paardenbloem (de)**	['pārdən·blum]
marguerite (f)	**kamille (de)**	[ka'milə]
aloès (m)	**aloé (de)**	[a'lɔe]
cactus (m)	**cactus (de)**	['kaktʉs]
ficus (m)	**ficus (de)**	['fikʉs]
lis (m)	**lelie (de)**	['leli]
géranium (m)	**geranium (de)**	[xə'ranijum]
jacinthe (f)	**hyacint (de)**	[hia'sint]
mimosa (m)	**mimosa (de)**	[mi'mɔza]
jonquille (f)	**narcis (de)**	[nar'sis]
capucine (f)	**Oostindische kers (de)**	[õst 'indisə kɛrs]
orchidée (f)	**orchidee (de)**	[ɔrxi'dē]
pivoine (f)	**pioenroos (de)**	[pi'un·rõs]
violette (f)	**viooltje (het)**	[vi'jõltʃə]
pensée (f)	**driekleurig viooltje (het)**	[dri'klørəx vi'õltʃə]
myosotis (m)	**vergeet-mij-nietje (het)**	[vər'xēt-mɛj-'nitʃə]
pâquerette (f)	**madeliefje (het)**	[madɛ'lifʲə]
coquelicot (m)	**papaver (de)**	[pa'pavər]
chanvre (m)	**hennep (de)**	['hɛnəp]
menthe (f)	**munt (de)**	[mʉnt]
muguet (m)	**lelietje-van-dalen (het)**	['leljetʃə-van-'dalən]
perce-neige (f)	**sneeuwklokje (het)**	['snēw·'klɔkjə]

ortie (f)	brandnetel (de)	['brant·netəl]
oseille (f)	veldzuring (de)	[vɛlt·'tsʉriŋ]
nénuphar (m)	waterlelie (de)	['watər·leli]
fougère (f)	varen (de)	['varən]
lichen (m)	korstmos (het)	['kɔrstmɔs]
serre (f) tropicale	oranjerie (de)	[ɔranʒɛ'ri]
gazon (m)	gazon (het)	[xa'zɔn]
parterre (m) de fleurs	bloemperk (het)	['blum·pɛrk]
plante (f)	plant (de)	[plant]
herbe (f)	gras (het)	[xras]
brin (m) d'herbe	grasspriet (de)	['xras·sprit]
feuille (f)	blad (het)	[blat]
pétale (m)	bloemblad (het)	['blum·blat]
tige (f)	stengel (de)	['stɛŋəl]
tubercule (m)	knol (de)	[knɔl]
pousse (f)	scheut (de)	[sxøt]
épine (f)	doorn (de)	[dõrn]
fleurir (vi)	bloeien	['blujən]
se faner (vp)	verwelken	[vər'wɛlkən]
odeur (f)	geur (de)	[xør]
couper (vt)	snijden	['snɛjdən]
cueillir (fleurs)	plukken	['plʉkən]

98. Les cèréales

grains (m pl)	graan (het)	[xrãn]
céréales (f pl) (plantes)	graangewassen	['xrãn·xɛ'wasən]
épi (m)	aar (de)	[ãr]
blé (m)	tarwe (de)	['tarwə]
seigle (m)	rogge (de)	['rɔxə]
avoine (f)	haver (de)	['havər]
millet (m)	gierst (de)	[xirst]
orge (f)	gerst (de)	[xɛrst]
maïs (m)	maïs (de)	[majs]
riz (m)	rijst (de)	[rɛjst]
sarrasin (m)	boekweit (de)	['bukwɛjt]
pois (m)	erwt (de)	[ɛrt]
haricot (m)	boon (de)	[bõn]
soja (m)	soja (de)	['sɔja]
lentille (f)	linze (de)	['linzə]
fèves (f pl)	bonen	['bɔnən]

LES PAYS DU MONDE

99. Les pays du monde. Partie 1
100. Les pays du monde. Partie 2
101. Les pays du monde. Partie 3

T&P Books Publishing

Afghanistan (m)	**Afghanistan (het)**	[afˈxanistan]
Albanie (f)	**Albanië (het)**	[alˈbaniə]
Allemagne (f)	**Duitsland (het)**	[ˈdœʏtslant]
Angleterre (f)	**Engeland (het)**	[ˈɛŋɛlant]
Arabie (f) Saoudite	**Saoedi-Arabië (het)**	[saˈudi-aˈrabiə]
Argentine (f)	**Argentinië (het)**	[arxɛnˈtiniə]
Arménie (f)	**Armenië (het)**	[arˈmeniə]
Australie (f)	**Australië (het)**	[ɔuˈstraliə]
Autriche (f)	**Oostenrijk (het)**	[ˈõstənrɛjk]
Azerbaïdjan (m)	**Azerbeidzjan (het)**	[azərbejˈdʒan]
Bahamas (f pl)	**Bahama's**	[baˈhamas]
Bangladesh (m)	**Bangladesh (het)**	[banhlaˈdɛʃ]
Belgique (f)	**België (het)**	[ˈbɛlxiə]
Biélorussie (f)	**Wit-Rusland (het)**	[wit-ˈrʉslant]
Bolivie (f)	**Bolivia (het)**	[boˈlivia]
Bosnie (f)	**Bosnië en Herzegovina (het)**	[ˈbɔsniə ən hɛrzəˈxɔvina]
Brésil (m)	**Brazilië (het)**	[braˈziliə]
Bulgarie (f)	**Bulgarije (het)**	[bʉlxaˈrɛjə]
Cambodge (m)	**Cambodja (het)**	[kamˈbɔdja]
Canada (m)	**Canada (het)**	[ˈkanada]
Chili (m)	**Chili (het)**	[ˈʃili]
Chine (f)	**China (het)**	[ˈʃina]
Chypre (m)	**Cyprus (het)**	[ˈsiprʉs]
Colombie (f)	**Colombia (het)**	[kɔˈlɔmbia]
Corée (f) du Nord	**Noord-Korea (het)**	[nõrd-kɔˈrea]
Corée (f) du Sud	**Zuid-Korea (het)**	[ˈzœyd-kɔˈrea]
Croatie (f)	**Kroatië (het)**	[krɔˈasiə]
Cuba (f)	**Cuba (het)**	[ˈkʉba]
Danemark (m)	**Denemarken (het)**	[ˈdenəmarkən]
Écosse (f)	**Schotland (het)**	[ˈsxɔtlant]
Égypte (f)	**Egypte (het)**	[ɛˈxiptə]
Équateur (m)	**Ecuador (het)**	[ɛkwaˈdɔr]
Espagne (f)	**Spanje (het)**	[ˈspanjə]
Estonie (f)	**Estland (het)**	[ˈɛstlant]
Les États Unis	**Verenigde Staten van Amerika**	[vəˈrɛnixdə ˈstatən van aˈmerika]
Fédération (f) des Émirats Arabes Unis	**Verenigde Arabische Emiraten**	[vəˈrɛnixdə aˈrabisə ɛmiˈratən]
Finlande (f)	**Finland (het)**	[ˈfinlant]
France (f)	**Frankrijk (het)**	[ˈfrankrɛjk]

Géorgie (f)	Georgië (het)	[xe'orxiə]
Ghana (m)	Ghana (het)	['xana]
Grande-Bretagne (f)	Groot-Brittannië (het)	[xrõt-bri'taniə]
Grèce (f)	Griekenland (het)	['xrikənlant]

100. Les pays du monde. Partie 2

| Haïti (m) | Haïti (het) | [ha'iti] |
| Hongrie (f) | Hongarije (het) | [hɔnxa'rɛjə] |

Inde (f)	India (het)	['india]
Indonésie (f)	Indonesië (het)	[indɔ'nɛsiə]
Iran (m)	Iran (het)	[i'ran]
Iraq (m)	Irak (het)	[i'rak]
Irlande (f)	Ierland (het)	['ĩrlant]
Islande (f)	IJsland (het)	['ɛjslant]
Israël (m)	Israël (het)	['israɛl]
Italie (f)	Italië (het)	[i'taliə]

Jamaïque (f)	Jamaica (het)	[ja'majka]
Japon (m)	Japan (het)	[ja'pan]
Jordanie (f)	Jordanië (het)	[jor'daniə]
Kazakhstan (m)	Kazakstan (het)	[kazak'stan]
Kenya (m)	Kenia (het)	['kenia]
Kirghizistan (m)	Kirgizië (het)	[kir'xiziə]
Koweït (m)	Koeweit (het)	[ku'wɛjt]

Laos (m)	Laos (het)	['laɔs]
Lettonie (f)	Letland (het)	['lɛtlant]
Liban (m)	Libanon (het)	['libanɔn]
Libye (f)	Libië (het)	['libiə]
Liechtenstein (m)	Liechtenstein (het)	['lixtɛnstɛjn]
Lituanie (f)	Litouwen (het)	[li'tauən]
Luxembourg (m)	Luxemburg (het)	['lʉksɛmbʉrx]

Macédoine (f)	Macedonië (het)	[make'dɔniə]
Madagascar (f)	Madagaskar (het)	[mada'xaskar]
Malaisie (f)	Maleisië (het)	[ma'lɛjziə]
Malte (f)	Malta (het)	['malta]
Maroc (m)	Marokko (het)	[ma'rɔkɔ]
Mexique (m)	Mexico (het)	['meksikɔ]
Moldavie (f)	Moldavië (het)	[mɔl'daviə]

Monaco (m)	Monaco (het)	[mɔ'nakɔ]
Mongolie (f)	Mongolië (het)	[mɔn'xɔliə]
Monténégro (m)	Montenegro (het)	[mɔntə'nɛxrɔ]
Myanmar (m)	Myanmar (hot)	['mjanmar]
Namibie (f)	Namibië (het)	[na'mibiə]
Népal (m)	Nepal (het)	[ne'pal]
Norvège (f)	Noorwegen (het)	['nõrwexən]

| Nouvelle Zélande (f) | Nieuw-Zeeland (het) | [niu-'zēlant] |
| Ouzbékistan (m) | Oezbekistan (het) | [uz'bekistan] |

101. Les pays du monde. Partie 3

Pakistan (m)	Pakistan (het)	['pakistan]
Palestine (f)	Palestijnse autonomie (de)	[pale'stɛjnsə autɔnɔ'mi]
Panamá (m)	Panama (het)	['panama]
Paraguay (m)	Paraguay (het)	['paragvaj]
Pays-Bas (m)	Nederland (het)	['nedərlant]
Pérou (m)	Peru (het)	[pe'ru]
Pologne (f)	Polen (het)	['pɔlen]
Polynésie (f) Française	Frans-Polynesië	[frans-pɔli'nɛziə]
Portugal (m)	Portugal (het)	[pɔrtʉxal]
République (f) Dominicaine	Dominicaanse Republiek (de)	[dɔmini'kānsə repʉ'blik]
République (f) Sud-africaine	Zuid-Afrika (het)	['zœyd-'afrika]
République (f) Tchèque	Tsjechië (het)	['tʃɛxiə]
Roumanie (f)	Roemenië (het)	[ru'meniə]
Russie (f)	Rusland (het)	['rʉslant]
Sénégal (m)	Senegal (het)	[senexal]
Serbie (f)	Servië (het)	['sɛrviə]
Slovaquie (f)	Slowakije (het)	[slɔwa'kɛjə]
Slovénie (f)	Slovenië (het)	[slɔ'vɛniə]
Suède (f)	Zweden (het)	['zwedən]
Suisse (f)	Zwitserland (het)	['zwitsərlant]
Surinam (m)	Suriname (het)	[sʉri'namə]
Syrie (f)	Syrië (het)	['siriə]
Tadjikistan (m)	Tadzjikistan (het)	[ta'dʒikistan]
Taïwan (m)	Taiwan (het)	[taj'wan]
Tanzanie (f)	Tanzania (het)	[tan'zania]
Tasmanie (f)	Tasmanië (het)	[taz'maniə]
Thaïlande (f)	Thailand (het)	['tailant]
Tunisie (f)	Tunesië (het)	[tʉ'nɛziə]
Turkménistan (m)	Turkmenistan (het)	[tʉrk'menistan]
Turquie (f)	Turkije (het)	[tʉr'kɛjə]
Ukraine (f)	Oekraïne (het)	[ukra'inə]
Uruguay (m)	Uruguay (het)	['urugvaj]
Vatican (m)	Vaticaanstad (de)	[vati'kān·stat]
Venezuela (f)	Venezuela (het)	[venəzʉ'ɛla]
Vietnam (m)	Vietnam (het)	[vjet'nam]
Zanzibar (m)	Zanzibar (het)	['zanzibar]

GLOSSAIRE GASTRONOMIQUE

Cette section contient
beaucoup de mots associés
à la nourriture. Ce dictionnaire
vous facilitera la tâche
de comprendre le menu
et de commander le bon plat
au restaurant

T&P Books Publishing

Français-Néerlandais glossaire gastronomique

Français	Néerlandais	Prononciation
épi (m)	aar (de)	[ār]
épice (f)	specerij , kruiderij (de)	[spesə'rɛj], [krœydə'rɛj]
épinard (m)	spinazie (de)	[spi'nazi]
œuf (m)	ei (het)	[ɛj]
abricot (m)	abrikoos (de)	[abri'kōs]
addition (f)	rekening (de)	['rekəniŋ]
ail (m)	knoflook (de)	['knōflɔk]
airelle (f) rouge	vossenbes (de)	['vosənbɛs]
amande (f)	amandel (de)	[a'mandəl]
amanite (f) tue-mouches	vliegenzwam (de)	['vliexən·zwam]
amer (adj)	bitter	['bitər]
ananas (m)	ananas (de)	['ananas]
anguille (f)	paling (de)	[pa'liŋ]
anis (m)	anijs (de)	[a'nɛjs]
apéritif (m)	aperitief (de/het)	[aperi'tif]
appétit (m)	eetlust (de)	['ētlʊst]
arrière-goût (m)	nasmaak (de)	['nasmāk]
artichaut (m)	artisjok (de)	[arti'ɕɔk]
asperge (f)	asperge (de)	[as'pɛrʒə]
assiette (f)	bord (het)	[bɔrt]
aubergine (f)	aubergine (de)	[ɔbɛr'ʒinə]
avec de la glace	met ijs	[mɛt ɛjs]
avocat (m)	avocado (de)	[avɔ'kadɔ]
avoine (f)	haver (de)	['havər]
bacon (m)	spek (het)	[spɛk]
baie (f)	bes (de)	[bɛs]
baies (f pl)	bessen	['bɛsən]
banane (f)	banaan (de)	[ba'nān]
bar (m)	bar (de)	[bar]
barman (m)	barman (de)	['barman]
basilic (m)	basilicum (de)	[ba'silikəm]
betterave (f)	rode biet (de)	['rodə bit]
beurre (m)	boter (de)	['botər]
bière (f)	bier (het)	[bir]
bière (f) blonde	licht bier (het)	[lixt bir]
bière (f) brune	donker bier (het)	['dɔnkər bir]
biscuit (m)	koekje (het)	['kukjə]
blé (m)	tarwe (de)	['tarwə]
blanc (m) d'œuf	eiwit (het)	['ɛjwit]
boisson (f) non alcoolisée	alcohol vrije drank (de)	['alkɔhɔl 'vrɛjə drank]
boissons (f pl) alcoolisées	alcoholische dranken	[alkɔ'hɔlisə 'drankən]
bolet (m) bai	berkenboleet (de)	['bɛrkən·bolēt]

bolet (m) orangé	rosse	['rɔsə
	populierenboleet (de)	pɔpʉ'lirən·bolēt]
bon (adj)	lekker	['lɛkər]
Bon appétit!	Eet smakelijk!	[ēt 'smakələk]
bonbon (m)	snoepje (het)	['snupjə]
bouillie (f)	pap (de)	[pap]
bouillon (m)	bouillon (de)	[bu'jon]
brème (f)	brasem (de)	['brasəm]
brochet (m)	snoek (de)	[snuk]
brocoli (m)	broccoli (de)	['brɔkɔli]
cèpe (m)	gewoon	[xə'wōn
	eekhoorntjesbrood (het)	ē'hɔntʃes·brōt]
céleri (m)	selderij (de)	['sɛldɛrɛj]
céréales (f pl)	graangewassen	['xrān·xɛ'wasən]
cacahuète (f)	pinda (de)	['pinda]
café (m)	koffie (de)	['kɔfi]
café (m) au lait	koffie (de) met melk	['kɔfi mɛt mɛlk]
café (m) noir	zwarte koffie (de)	['zwartə 'kɔfi]
café (m) soluble	oploskoffie (de)	['ɔplɔs·'kɔfi]
calamar (m)	inktvis (de)	['inktvis]
calorie (f)	calorie (de)	[kalo'ri]
canard (m)	eend (de)	[ēnt]
canneberge (f)	veenbes (de)	['vēnbɛs]
cannelle (f)	kaneel (de/het)	[ka'nēl]
cappuccino (m)	cappuccino (de)	[kapu'tʃinɔ]
carotte (f)	wortel (de)	['wortəl]
carpe (f)	karper (de)	['karpər]
carte (f)	menu (het)	[me'nʉ]
carte (f) des vins	wijnkaart (de)	['wɛjn·kārt]
cassis (m)	zwarte bes (de)	['zwartə bɛs]
caviar (m)	kaviaar (de)	[ka'vjār]
cerise (f)	zure kers (de)	['zʉrə kɛrs]
champagne (m)	champagne (de)	[ʃʌm'panjə]
champignon (m)	paddenstoel (de)	['padənstul]
champignon (m) comestible	eetbare paddenstoel (de)	['ētbarə 'padənstul]
champignon (m) vénéneux	giftige paddenstoel (de)	['xiftixə 'padənstul]
chaud (adj)	heet	[hēt]
chocolat (m)	chocolade (de)	[ʃɔkɔ'ladə]
chou (m)	kool (de)	[kōl]
chou (m) de Bruxelles	spruitkool (de)	['sprœyt·kōl]
chou-fleur (m)	bloemkool (de)	['blum·kōl]
citron (m)	citroen (de)	[si'trun]
clou (m) de girofle	kruidnagel (de)	['krœytnaxəl]
cocktail (m)	cocktail (de)	['kɔktəl]
cocktail (m) au lait	milkshake (de)	['milk·ʃɛjk]
cognac (m)	cognac (de)	[kɔ'njak]
concombre (m)	augurk (de)	[au'xʉrk]
condiment (m)	condiment (het)	[kɔndi'mɛnt]
confiserie (f)	suikerbakkerij (de)	[sœʏkər bakə'rɛj]
confiture (f)	jam (de)	[ʃɛm]

confiture (f)	confituur (de)	[kɔnfi'tür]
congelé (adj)	diepvries	['dip·vris]
conserves (f pl)	conserven	[kɔn'sɛrvən]
coriandre (m)	koriander (de)	[kɔri'andər]
courgette (f)	courgette (de)	[kur'ʒɛt]
couteau (m)	mes (het)	[mɛs]
crème (f)	room (de)	[rõm]
crème (f) aigre	zure room (de)	['zʉrə rõm]
crème (f) au beurre	crème (de)	[krɛ:m]
crabe (m)	krab (de)	[krab]
crevette (f)	garnaal (de)	[xar'näl]
crustacés (m pl)	schaaldieren	['sxal·dīrən]
cuillère (f)	lepel (de)	['lepəl]
cuillère (f) à soupe	eetlepel (de)	[ĕt·'lepəl]
cuisine (f)	keuken (de)	['køkən]
cuisse (f)	gerookte achterham (de)	[xə'rõktə 'ahtərham]
cuit à l'eau (adj)	gekookt	[xə'kõkt]
cumin (m)	komijn (de)	[kɔ'mɛjn]
cure-dent (m)	tandenstoker (de)	['tandən·'stɔkər]
déjeuner (m)	lunch (de)	['lʉnʃ]
dîner (m)	avondeten (het)	['avɔntetən]
datte (f)	dadel (de)	['dadəl]
dessert (m)	dessert (het)	[dɛ'sɛ:r]
dinde (f)	kalkoen (de)	[kal'kun]
du bœuf	rundvlees (het)	['rʉnt·vlēs]
du mouton	schapenvlees (het)	['sxapən·vlēs]
du porc	varkensvlees (het)	['varkəns·vlēs]
du veau	kalfsvlees (het)	['kalfs·vlēs]
eau (f)	water (het)	['watər]
eau (f) minérale	mineraalwater (het)	[minə'räl·'watər]
eau (f) potable	drinkwater (het)	['drink·'watər]
en chocolat (adj)	chocolade-	[ʃɔkɔ'ladə]
esturgeon (m)	steur (de)	['stør]
fèves (f pl)	bonen	['bɔnən]
farce (f)	gehakt (het)	[xə'hakt]
farine (f)	meel (het), bloem (de)	[mēl], [blum]
fenouil (m)	dille (de)	['dilə]
feuille (f) de laurier	laurierblad (het)	[lau'rir·blat]
figue (f)	vijg (de)	[vɛjx]
flétan (m)	heilbot (de)	['hɛjlbɔt]
flet (m)	platvis (de)	['platvis]
foie (m)	lever (de)	['levər]
fourchette (f)	vork (de)	[vɔrk]
fraise (f)	aardbei (de)	['ärd·bɛj]
fraise (f) des bois	bosaardbei (de)	[bɔs·ärdbɛj]
framboise (f)	framboos (de)	[fram'bõs]
frit (adj)	gebakken	[xə'bakən]
froid (adj)	koud	['kaut]
fromage (m)	kaas (de)	[käs]
fruit (m)	vrucht (de)	[vrʉxt]
fruits (m pl)	vruchten	['vrʉxtən]
fruits (m pl) de mer	zeevruchten	[zē·'vrʉxtən]

fumé (adj)	gerookt	[xə'rōkt]
gâteau (m)	cakeje (het)	['kejkjə]
gâteau (m)	pastei (de)	[pas'tɛj]
garniture (f)	vulling (de)	['vʉliŋ]
garniture (f)	garnering (de)	[xar'neriŋ]
gaufre (f)	wafel (de)	['wafəl]
gazeuse (adj)	koolzuurhoudend	[kōlzūr·'haudənt]
gibier (m)	wild (het)	[wilt]
gin (m)	gin (de)	[dʒin]
gingembre (m)	gember (de)	['xɛmbər]
girolle (f)	cantharel (de)	[kanta'rɛl]
glace (f)	ijs (het)	[ɛjs]
glace (f)	ijsje (het)	['ɛisjə], ['ɛiʃə]
glucides (m pl)	koolhydraten	[kōlhi'dratən]
goût (m)	smaak (de)	[smāk]
gomme (f) à mâcher	kauwgom (de)	['kauxɔm]
grains (m pl)	graan (het)	[xrān]
grenade (f)	granaatappel (de)	[xra'nāt·'apəl]
groseille (f) rouge	rode bes (de)	['rodə bɛs]
groseille (f) verte	kruisbes (de)	['krœʏsbɛs]
gruau (m)	graan (het)	[xrān]
hamburger (m)	hamburger (de)	['hambʉrxər]
hareng (m)	haring (de)	['hariŋ]
haricot (m)	boon (de)	[bōn]
hors-d'œuvre (m)	voorgerecht (het)	['vōrxərɛht]
huître (f)	oester (de)	['ustər]
huile (f) d'olive	olijfolie (de)	[o'lɛjf·'oli]
huile (f) de tournesol	zonnebloemolie (de)	['zɔnəblum·'oli]
huile (f) végétale	plantaardige olie (de)	[plant'ārdixə 'oli]
jambon (m)	ham (de)	[ham]
jaune (m) d'œuf	eigeel (het)	['ɛjxēl]
jus (m)	sap (het)	[sap]
jus (m) d'orange	sinaasappelsap (het)	['sināsapəl·sap]
jus (m) de tomate	tomatensap (het)	[tɔ'matən·sap]
jus (m) pressé	vers geperst sap (het)	[vɛrs xə'pɛrst sap]
kiwi (m)	kiwi (de)	['kiwi]
légumes (m pl)	groenten	['xruntən]
lait (m)	melk (de)	[mɛlk]
lait (m) condensé	gecondenseerde melk (de)	[xəkɔnsən'sērdə mɛlk]
laitue (f), salade (f)	sla (de)	[sla]
langoustine (f)	langoest (de)	[lan'xust]
langue (f)	tong (de)	[toŋ]
lapin (m)	konijnenvlees (het)	[kɔ'nɛjnən·vlēs]
lentille (f)	linze (de)	['linzə]
les œufs	eieren	['ɛjerən]
les œufs brouillés	spiegelei (het)	['spixəl·ɛj]
limonade (f)	limonade (de)	[limɔ'nadə]
lipides (m pl)	vetten	['vɛtən]
liqueur (f)	likeur (de)	[li'kør]
mûre (f)	braambes (de)	['brāmbɛs]
maïs (m)	maïs (de)	[majs]

maïs (m)	maïs (de)	[majs]
mandarine (f)	mandarijn (de)	[manda'rɛjn]
mangue (f)	mango (de)	['mangɔ]
maquereau (m)	makreel (de)	[ma'krēl]
margarine (f)	margarine (de)	[marxa'rinə]
mariné (adj)	gemarineerd	[xəmari'nērt]
marmelade (f)	marmelade (de)	[marmə'ladə]
melon (m)	meloen (de)	[mə'lun]
merise (f)	zoete kers (de)	['zutə kɛrs]
miel (m)	honing (de)	['hɔniŋ]
miette (f)	kruimel (de)	['krœyməl]
millet (m)	gierst (de)	[xirst]
morceau (m)	stuk (het)	[stʉk]
morille (f)	morielje (de)	[mɔ'riljə]
morue (f)	kabeljauw (de)	[kabə'ljau]
moutarde (f)	mosterd (de)	['mɔstərt]
myrtille (f)	bosbes (de)	['bɔsbɛs]
navet (m)	raap (de)	[rāp]
noisette (f)	hazelnoot (de)	['hazəl·nōt]
noix (f)	walnoot (de)	['walnōt]
noix (f) de coco	kokosnoot (de)	['kɔkɔs·nōt]
nouilles (f pl)	noedels	['nudɛls]
nourriture (f)	eten (het)	['etən]
oie (f)	gans (de)	[xans]
oignon (m)	ui (de)	['œy]
olives (f pl)	olijven	[ɔ'lɛjvən]
omelette (f)	omelet (de)	[ɔmə'lɛt]
orange (f)	sinaasappel (de)	['sināsapəl]
orge (f)	gerst (de)	[xɛrst]
oronge (f) verte	groene knolamaniet (de)	['xrunə 'knɔl·ama'nit]
ouvre-boîte (m)	blikopener (de)	[blik·'ɔpənər]
ouvre-bouteille (m)	flesopener (de)	[fles·'ɔpənər]
pâté (m)	paté (de)	[pa'tɛ]
pâtes (m pl)	pasta (de)	['pasta]
pétales (m pl) de maïs	maïsvlokken	[majs·'vlɔkən]
pétillante (adj)	bruisend	['brœysənt]
pêche (f)	perzik (de)	['pɛrzik]
pain (m)	brood (het)	[brōt]
pamplemousse (m)	grapefruit (de)	['grepfrut]
papaye (f)	papaja (de)	[pa'paja]
paprika (m)	paprika (de)	['paprika]
pastèque (f)	watermeloen (de)	['watərmɛ'lun]
peau (f)	schil (de)	[sxil]
perche (f)	baars (de)	[bārs]
persil (m)	peterselie (de)	[petər'sɛli]
petit déjeuner (m)	ontbijt (het)	[ɔn'bɛjt]
petite cuillère (f)	theelepeltje (het)	[tē·'lepəltʃə]
pistaches (f pl)	pistaches	[pi'staʃəs]
pizza (f)	pizza (de)	['pitsa]
plat (m)	gerecht (het)	[xe'rɛht]
plate (adj)	zonder gas	['zɔndər xas]
poire (f)	peer (de)	[pēr]

pois (m)	erwt (de)	[ɛrt]
poisson (m)	vis (de)	[vis]
poivre (m) noir	zwarte peper (de)	['zwartə 'pepər]
poivre (m) rouge	rode peper (de)	['rɔdə 'pepər]
poivron (m)	peper (de)	['pepər]
pomme (f)	appel (de)	['apəl]
pomme (f) de terre	aardappel (de)	['ārd·apəl]
portion (f)	portie (de)	['pɔrsi]
potiron (m)	pompoen (de)	[pɔm'pun]
poulet (m)	kip (de)	[kip]
pourboire (m)	fooi (de)	[fōj]
protéines (f pl)	eiwitten	['ɛjwitən]
prune (f)	pruim (de)	['prœʏm]
pudding (m)	pudding (de)	['pʉdiŋ]
purée (f)	aardappelpuree (de)	['ārdapəl·pʉ'rē]
régime (m)	dieet (het)	[di'ēt]
radis (m)	radijs (de)	[ra'dɛjs]
rafraîchissement (m)	frisdrank (de)	['fris·drank]
raifort (m)	mierikswortel (de)	['miriks·'wɔrtəl]
raisin (m)	druif (de)	[drœʏf]
raisin (m) sec	rozijn (de)	[rɔ'zɛjn]
recette (f)	recept (het)	[re'sɛpt]
requin (m)	haai (de)	[hāj]
rhum (m)	rum (de)	[rʉm]
riz (m)	rijst (de)	[rɛjst]
russule (f)	russula (de)	[rʉ'sʉla]
sésame (m)	sesamzaad (het)	['sɛzam·zāt]
safran (m)	saffraan (de)	[safˈrān]
salé (adj)	gezouten	[xə'zautən]
salade (f)	salade (de)	[sa'ladə]
sandre (f)	snoekbaars (de)	['snukbārs]
sandwich (m)	boterham (de)	['bɔtərham]
sans alcool	alcohol vrij	['alkɔhɔl vrɛj]
sardine (f)	sardine (de)	[sar'dinə]
sarrasin (m)	boekweit (de)	['bukwɛjt]
sauce (f)	saus (de)	['saus]
sauce (f) mayonnaise	mayonaise (de)	[majo'nɛzə]
saucisse (f)	saucijs (de)	['sɔsɛjs]
saucisson (m)	worst (de)	[wɔrst]
saumon (m)	zalm (de)	[zalm]
saumon (m) atlantique	atlantische zalm (de)	[at'lantisə ʒalm]
sec (adj)	gedroogd	[xə'drōxt]
seigle (m)	rogge (de)	['rɔxə]
sel (m)	zout (het)	['zaut]
serveur (m)	kelner, ober (de)	['kɛlnər], ['ɔbər]
serveuse (f)	serveerster (de)	[sɛr'vērstər]
silure (m)	meerval (de)	['mērval]
soja (m)	soja (de)	['sɔja]
soucoupe (f)	schoteltje (het)	['sxɔtelt∫ə]
soupe (f)	soep (de)	[sup]
spaghettis (m pl)	spaghetti (de)	[spa'xeti]
steak (m)	biefstuk (de)	['bifstʉk]

sucré (adj)	zoet	[zut]
sucre (m)	suiker (de)	[sœɣkər]
tarte (f)	taart (de)	[tãrt]
tasse (f)	kopje (het)	['kɔpjə]
thé (m)	thee (de)	[tē]
thé (m) noir	zwarte thee (de)	['zwartə tē]
thé (m) vert	groene thee (de)	['xrunə tē]
thon (m)	tonijn (de)	[tɔ'nɛjn]
tire-bouchon (m)	kurkentrekker (de)	['kʉrkən·'trɛkər]
tomate (f)	tomaat (de)	[tɔ'māt]
tranche (f)	snede (de)	['snedə]
truite (f)	forel (de)	[fɔ'rɛl]
végétarien (adj)	vegetarisch	[vəxɛ'taris]
végétarien (m)	vegetariër (de)	[vəxɛ'tarier]
verdure (f)	verse kruiden	['vɛrsə 'krœɣdən]
vermouth (m)	vermout (de)	['vɛrmut]
verre (m)	glas (het)	[xlas]
verre (m) à vin	wijnglas (het)	['wɛjn·xlas]
viande (f)	vlees (het)	[vlēs]
vin (m)	wijn (de)	[wɛjn]
vin (m) blanc	witte wijn (de)	['witə wɛjn]
vin (m) rouge	rode wijn (de)	['rɔdə wɛjn]
vinaigre (m)	azijn (de)	[a'zɛjn]
vitamine (f)	vitamine (de)	[vita'minə]
vodka (f)	wodka (de)	['wɔdka]
whisky (m)	whisky (de)	['wiski]
yogourt (m)	yoghurt (de)	['jogʉrt]

aar (de)	[ār]	épi (m)
aardappel (de)	['ārd·apəl]	pomme (f) de terre
aardappelpuree (de)	['ārdapəl·pɥ'rē]	purée (f)
aardbei (de)	['ārd·bɛj]	fraise (f)
abrikoos (de)	[abri'kōs]	abricot (m)
alcohol vrij	['alkɔhɔl vrɛj]	sans alcool
alcohol vrije drank (de)	['alkɔhɔl 'vrɛjə drank]	boisson (f) non alcoolisée
alcoholische dranken	[alkɔ'hɔlisə 'drankən]	boissons (f pl) alcoolisées
amandel (de)	[a'mandəl]	amande (f)
ananas (de)	['ananas]	ananas (m)
anijs (de)	[a'nɛjs]	anis (m)
aperitief (de/het)	[aperi'tif]	apéritif (m)
appel (de)	['apəl]	pomme (f)
artisjok (de)	[arti'ɕɔk]	artichaut (m)
asperge (de)	[as'pɛrʒə]	asperge (f)
atlantische zalm (de)	[at'lantisə zalm]	saumon (m) atlantique
aubergine (de)	[ɔbɛr'ʒinə]	aubergine (f)
augurk (de)	[au'xɥrk]	concombre (m)
avocado (de)	[avɔ'kadɔ]	avocat (m)
avondeten (het)	['avɔntetən]	dîner (m)
azijn (de)	[a'zɛjn]	vinaigre (m)
baars (de)	[bārs]	perche (f)
banaan (de)	[ba'nān]	banane (f)
bar (de)	[bar]	bar (m)
barman (de)	['barman]	barman (m)
basilicum (de)	[ba'silikəm]	basilic (m)
berkenboleet (de)	['bɛrkən·bɔlēt]	bolet (m) bai
bes (de)	[bɛs]	baie (f)
bessen	['bɛsən]	baies (f pl)
biefstuk (de)	['bifstɥk]	steak (m)
bier (het)	[bir]	hière (f)
bitter	['bitər]	amer (adj)
blikopener (de)	[blik·'ɔpenər]	ouvre-boîte (m)
bloemkool (de)	['blum·kōl]	chou-fleur (m)
boekweit (de)	['bukwɛjt]	sarrasin (m)
bonen	['bonən]	fèves (f pl)
boon (de)	[bōn]	haricot (m)
bord (het)	[bɔrt]	assiette (f)
bosaardbei (de)	[bɔs·ārdbɛj]	fraise (f) des bois
bosbes (de)	['bɔsbɛs]	myrtille (f)
boter (de)	['bɔtər]	beurre (m)
boterham (de)	['bɔtərham]	sandwich (m)

bouillon (de)	[bu'jon]	bouillon (m)
braambes (de)	['brāmbɛs]	mûre (f)
brasem (de)	['brasəm]	brème (f)
broccoli (de)	['brɔkɔli]	brocoli (m)
brood (het)	[brōt]	pain (m)
bruisend	['brœysənt]	pétillante (adj)
cakeje (het)	['kejkjə]	gâteau (m)
calorie (de)	[kalɔ'ri]	calorie (f)
cantharel (de)	[kanta'rɛl]	girolle (f)
cappuccino (de)	[kapu'tʃinɔ]	cappuccino (m)
champagne (de)	[ʃʌm'panjə]	champagne (m)
chocolade (de)	[ʃɔkɔ'ladə]	chocolat (m)
chocolade-	[ʃɔkɔ'ladə]	en chocolat (adj)
citroen (de)	[si'trun]	citron (m)
cocktail (de)	['kɔktəl]	cocktail (m)
cognac (de)	[kɔ'njak]	cognac (m)
condiment (het)	[kɔndi'mɛnt]	condiment (m)
confituur (de)	[kɔnfi'tūr]	confiture (f)
conserven	[kɔn'sɛrvən]	conserves (f pl)
courgette (de)	[kur'ʒɛt]	courgette (f)
crème (de)	[krɛ:m]	crème (f) au beurre
dadel (de)	['dadəl]	datte (f)
dessert (het)	[dɛ'sɛ:r]	dessert (m)
dieet (het)	[di'ēt]	régime (m)
diepvries	['dip·vris]	congelé (adj)
dille (de)	['dilə]	fenouil (m)
donker bier (het)	['dɔnkər bir]	bière (f) brune
drinkwater (het)	['drink·'watər]	eau (f) potable
druif (de)	[drœyf]	raisin (m)
eend (de)	[ēnt]	canard (m)
Eet smakelijk!	[ēt 'smakələk]	Bon appétit!
eetbare paddenstoel (de)	['ētbarə 'padənstul]	champignon (m) comestible
eetlepel (de)	[ēt·'lepəl]	cuillère (f) à soupe
eetlust (de)	['ētlʉst]	appétit (m)
ei (het)	[ɛj]	œuf (m)
eieren	['ɛjerən]	les œufs
eigeel (het)	['ɛjxēl]	jaune (m) d'œuf
eiwit (het)	['ɛjwit]	blanc (m) d'œuf
eiwitten	['ɛjwitən]	protéines (f pl)
erwt (de)	[ɛrt]	pois (m)
eten (het)	['etən]	nourriture (f)
flesopener (de)	[fles·'ɔpənər]	ouvre-bouteille (m)
fooi (de)	[fōj]	pourboire (m)
forel (de)	[fɔ'rɛl]	truite (f)
framboos (de)	[fram'bōs]	framboise (f)
frisdrank (de)	['fris·drank]	rafraîchissement (m)
gans (de)	[xans]	oie (f)
garnaal (de)	[xar'nāl]	crevette (f)
garnering (de)	[xar'nerin]	garniture (f)
gebakken	[xə'bakən]	frit (adj)
gecondenseerde melk (de)	[xəkɔnsən'sērdə mɛlk]	lait (m) condensé

gedroogd	[xə'drɔxt]	sec (adj)
gehakt (het)	[xə'hakt]	farce (f)
gekookt	[xə'kõkt]	cuit à l'eau (adj)
gemarineerd	[xəmari'nẽrt]	mariné (adj)
gember (de)	['xɛmbər]	gingembre (m)
gerecht (het)	[xe'rɛht]	plat (m)
gerookt	[xə'rõkt]	fumé (adj)
gerookte achterham (de)	[xə'rõktə 'ahtərham]	cuisse (f)
gerst (de)	[xɛrst]	orge (f)
gewoon eekhoorntjesbrood (het)	[xə'wõn ẽ'hɔntʃes·brõt]	cèpe (m)
gezouten	[xə'zautən]	salé (adj)
gierst (de)	[xirst]	millet (m)
giftige paddenstoel (de)	['xiftixə 'padənstul]	champignon (m) vénéneux
gin (de)	[dʒin]	gin (m)
glas (het)	[xlas]	verre (m)
graan (het)	[xrãn]	gruau (m)
graan (het)	[xrãn]	grains (m pl)
graangewassen	['xrãn·xɛ'wasən]	céréales (f pl)
granaatappel (de)	[xra'nãt·'apəl]	grenade (f)
grapefruit (de)	['grepfrut]	pamplemousse (m)
groene knolamaniet (de)	['xrunə 'knɔl·ama'nit]	oronge (f) verte
groene thee (de)	['xrunə tẽ]	thé (m) vert
groenten	['xruntən]	légumes (m pl)
haai (de)	[hãj]	requin (m)
ham (de)	[ham]	jambon (m)
hamburger (de)	['hambʉrxər]	hamburger (m)
haring (de)	['hariŋ]	hareng (m)
haver (de)	['havər]	avoine (f)
hazelnoot (de)	['hazəl·nõt]	noisette (f)
heet	[hẽt]	chaud (adj)
heilbot (de)	['hɛjlbɔt]	flétan (m)
honing (de)	['hɔniŋ]	miel (m)
ijs (het)	[ɛjs]	glace (f)
ijsje (het)	['ɛisjə], ['ɛiʃə]	glace (f)
inktvis (de)	['inktvis]	calamar (m)
jam (de)	[ʃɛm]	confiture (f)
kaas (de)	[kãs]	fromage (m)
kabeljauw (de)	[kabə'ljau]	morue (f)
kalfsvlees (het)	['kalfs·vlẽs]	du veau
kalkoen (de)	[kal'kun]	dinde (f)
kaneel (de/het)	[ka'nẽl]	cannelle (f)
karper (de)	['karpər]	carpe (f)
kauwgom (de)	['kauxɔm]	gomme (f) à mâcher
kaviaar (de)	[ka'vjãr]	caviar (m)
kelner, ober (de)	['kɛlnər], ['ɔbər]	serveur (m)
keuken (de)	['køkən]	cuisine (f)
kip (de)	[kip]	poulet (m)
kiwi (de)	['kiwi]	kiwi (m)
knoflook (de)	['knõflɔk]	ail (m)
koekje (het)	['kukjə]	biscuit (m)

koffie (de)	['kɔfi]	café (m)
koffie (de) met melk	['kɔfi mɛt mɛlk]	café (m) au lait
kokosnoot (de)	['kɔkɔs·nõt]	noix (f) de coco
komijn (de)	[kɔ'mɛjn]	cumin (m)
konijnenvlees (het)	[kɔ'nɛjnən·vlēs]	lapin (m)
kool (de)	[kõl]	chou (m)
koolhydraten	[kõlhi'dratən]	glucides (m pl)
koolzuurhoudend	[kõlzūr·'haudənt]	gazeuse (adj)
kopje (het)	['kɔpjə]	tasse (f)
koriander (de)	[kɔri'andər]	coriandre (m)
koud	['kaut]	froid (adj)
krab (de)	[krab]	crabe (m)
kruidnagel (de)	['krœʏtnaxəl]	clou (m) de girofle
kruimel (de)	['krœʏməl]	miette (f)
kruisbes (de)	['krœʏsbɛs]	groseille (f) verte
kurkentrekker (de)	['kʉrkən·'trɛkər]	tire-bouchon (m)
langoest (de)	[lan'xust]	langoustine (f)
laurierblad (het)	[lau'rir·blat]	feuille (f) de laurier
lekker	['lɛkər]	bon (adj)
lepel (de)	['lepəl]	cuillère (f)
lever (de)	['levər]	foie (m)
licht bier (het)	[lixt bir]	bière (f) blonde
likeur (de)	[li'kør]	liqueur (f)
limonade (de)	[limɔ'nadə]	limonade (f)
linze (de)	['linzə]	lentille (f)
lunch (de)	['lʉnʃ]	déjeuner (m)
maïs (de)	[majs]	maïs (m)
maïs (de)	[majs]	maïs (m)
maïsvlokken	[majs·'vlɔkən]	pétales (m pl) de maïs
makreel (de)	[ma'krēl]	maquereau (m)
mandarijn (de)	[manda'rɛjn]	mandarine (f)
mango (de)	['mangɔ]	mangue (f)
margarine (de)	[marxa'rinə]	margarine (f)
marmelade (de)	[marmə'ladə]	marmelade (f)
mayonaise (de)	[majo'nɛzə]	sauce (f) mayonnaise
meel (het), bloem (de)	[mēl], [blum]	farine (f)
meerval (de)	['mērval]	silure (m)
melk (de)	[mɛlk]	lait (m)
meloen (de)	[mə'lun]	melon (m)
menu (het)	[me'nʉ]	carte (f)
mes (het)	[mɛs]	couteau (m)
met ijs	[mɛt ɛjs]	avec de la glace
mierikswortel (de)	['miriks·'wɔrtəl]	raifort (m)
milkshake (de)	['milk·ʃɛjk]	cocktail (m) au lait
mineraalwater (het)	[minə'rāl·'watər]	eau (f) minérale
morielje (de)	[mɔ'riljə]	morille (f)
mosterd (de)	['mɔstərt]	moutarde (f)
nasmaak (de)	['nasmāk]	arrière-goût (m)
noedels	['nudɛls]	nouilles (f pl)
oester (de)	['ustər]	huître (f)
olijfolie (de)	[ɔ'lɛjf·'ɔli]	huile (f) d'olive
olijven	[ɔ'lɛjvən]	olives (f pl)

omelet (de)	[ɔmə'lɛt]	omelette (f)
ontbijt (het)	[ɔn'bɛjt]	petit déjeuner (m)
oploskoffie (de)	['ɔplɔs·'kɔfi]	café (m) soluble
paddenstoel (de)	['padənstul]	champignon (m)
paling (de)	[pa'liŋ]	anguille (f)
pap (de)	[pap]	bouillie (f)
papaja (de)	[pa'paja]	papaye (f)
paprika (de)	['paprika]	paprika (m)
pasta (de)	['pasta]	pâtes (m pl)
pastei (de)	[pas'tɛj]	gâteau (m)
paté (de)	[pa'tɛ]	pâté (m)
peer (de)	[pēr]	poire (f)
peper (de)	['pepər]	poivron (m)
perzik (de)	['pɛrzik]	pêche (f)
peterselie (de)	[petər'sɛli]	persil (m)
pinda (de)	['pinda]	cacahuète (f)
pistaches	[pi'staʃəs]	pistaches (f pl)
pizza (de)	['pitsa]	pizza (f)
plantaardige olie (de)	[plant'ārdixə 'ɔli]	huile (f) végétale
platvis (de)	['platvis]	flet (m)
pompoen (de)	[pɔm'pun]	potiron (m)
portie (de)	['pɔrsi]	portion (f)
pruim (de)	['prœɤm]	prune (f)
pudding (de)	['pʉdiŋ]	pudding (m)
raap (de)	[rāp]	navet (m)
radijs (de)	[ra'dɛjs]	radis (m)
recept (het)	[re'sɛpt]	recette (f)
rekening (de)	['rekəniŋ]	addition (f)
rijst (de)	[rɛjst]	riz (m)
rode bes (de)	['rodə bɛs]	groseille (f) rouge
rode biet (de)	['rodə bit]	betterave (f)
rode peper (de)	['rodə 'pepər]	poivre (m) rouge
rode wijn (de)	['rodə wɛjn]	vin (m) rouge
rogge (de)	['rɔxə]	seigle (m)
room (de)	[rōm]	crème (f)
rosse populierenboleet (de)	['rɔsə popʉ'lirən·bɔlēt]	bolet (m) orangé
rozijn (de)	[rɔ'zɛjn]	raisin (m) sec
rum (de)	[rʉm]	rhum (m)
rundvlees (het)	['rʉnt·vlēs]	du bœuf
russula (de)	[rʉ'sʉla]	russula (f)
saffraan (de)	[saf'rān]	safran (m)
salade (de)	[sa'ladə]	salade (f)
sap (het)	[sap]	jus (m)
sardine (de)	[sar'dinə]	sardine (f)
saucijs (de)	['sɔsɛjs]	saucisse (f)
saus (de)	['saus]	sauce (f)
schaaldieren	['sxal·dīrən]	crustacés (m pl)
schapenvlees (het)	['sxapən·vlēs]	du mouton
schil (de)	[sxil]	peau (f)
schoteltje (het)	['sxɔteltʃə]	soucoupe (f)
selderij (de)	['sɛldɛrɛj]	céleri (m)

serveerster (de)	[sɛr'vērstər]	serveuse (f)
sesamzaad (het)	['sɛzam·zãt]	sésame (m)
sinaasappel (de)	['sinãsapəl]	orange (f)
sinaasappelsap (het)	['sinãsapəl·sap]	jus (m) d'orange
sla (de)	[sla]	laitue (f), salade (f)
smaak (de)	[smãk]	goût (m)
snede (de)	['snedə]	tranche (f)
snoek (de)	[snuk]	brochet (m)
snoekbaars (de)	['snukbãrs]	sandre (f)
snoepje (het)	['snupjə]	bonbon (m)
soep (de)	[sup]	soupe (f)
soja (de)	['sɔja]	soja (m)
spaghetti (de)	[spa'xeti]	spaghettis (m pl)
specerij , kruiderij (de)	[spesə'rɛj], [krœɣdə'rɛj]	épice (f)
spek (het)	[spɛk]	bacon (m)
spiegelei (het)	['spixəl·ɛj]	les œufs brouillés
spinazie (de)	[spi'nazi]	épinard (m)
spruitkool (de)	['sprœɣt·kōl]	chou (m) de Bruxelles
steur (de)	['stør]	esturgeon (m)
stuk (het)	[stʉk]	morceau (m)
suiker (de)	[sœɣkər]	sucre (m)
suikerbakkerij (de)	[sœɣkər bakə'rɛj]	confiserie (f)
taart (de)	[tãrt]	tarte (f)
tandenstoker (de)	['tandən·'stɔkər]	cure-dent (m)
tarwe (de)	['tarwə]	blé (m)
thee (de)	[tē]	thé (m)
theelepeltje (het)	[tē·'lepəltʃə]	petite cuillère (f)
tomaat (de)	[tɔ'mãt]	tomate (f)
tomatensap (het)	[tɔ'matən·sap]	jus (m) de tomate
tong (de)	[tɔŋ]	langue (f)
tonijn (de)	[tɔ'nɛjn]	thon (m)
ui (de)	['œɣ]	oignon (m)
varkensvlees (het)	['varkəns·vlēs]	du porc
veenbes (de)	['vēnbɛs]	canneberge (f)
vegetariër (de)	[vəxɛ'tarier]	végétarien (m)
vegetarisch	[vəxɛ'taris]	végétarien (adj)
vermout (de)	['vɛrmut]	vermouth (m)
vers geperst sap (het)	[vɛrs xə'pɛrst sap]	jus (m) pressé
verse kruiden	['vɛrsə 'krœɣdən]	verdure (f)
vetten	['vɛtən]	lipides (m pl)
vijg (de)	[vɛjx]	figue (f)
vis (de)	[vis]	poisson (m)
vitamine (de)	[vita'minə]	vitamine (f)
vlees (het)	[vlēs]	viande (f)
vliegenzwam (de)	['vlixən·zwam]	amanite (f) tue-mouches
voorgerecht (het)	['vōrxərɛht]	hors-d'œuvre (m)
vork (de)	[vɔrk]	fourchette (f)
vossenbes (de)	['vɔsənbɛs]	airelle (f) rouge
vrucht (de)	[vrʉxt]	fruit (m)
vruchten	['vrʉxtən]	fruits (m pl)
vulling (de)	['vʉliŋ]	garniture (f)
wafel (de)	['wafəl]	gaufre (f)

walnoot (de)	['walnŏt]	noix (f)
water (het)	['watər]	eau (f)
watermeloen (de)	['watərmɛ'lun]	pastèque (f)
whisky (de)	['wiski]	whisky (m)
wijn (de)	[wɛjn]	vin (m)
wijnglas (het)	['wɛjn·xlas]	verre (m) à vin
wijnkaart (de)	['wɛjn·kārt]	carte (f) des vins
wild (het)	[wilt]	gibier (m)
witte wijn (de)	['witə wɛjn]	vin (m) blanc
wodka (de)	['wɔdka]	vodka (f)
worst (de)	[wɔrst]	saucisson (m)
wortel (de)	['wɔrtəl]	carotte (f)
yoghurt (de)	['joɡʉrt]	yogourt (m)
zalm (de)	[zalm]	saumon (m)
zeevruchten	[zē·'vrʉxtən]	fruits (m pl) de mer
zoet	[zut]	sucré (adj)
zoete kers (de)	['zutə kɛrs]	merise (f)
zonder gas	['zɔndər xas]	plate (adj)
zonnebloemolie (de)	['zɔnəblum·'ɔli]	huile (f) de tournesol
zout (het)	['zaut]	sel (m)
zure kers (de)	['zʉrə kɛrs]	cerise (f)
zure room (de)	['zʉrə rŏm]	crème (f) aigre
zwarte bes (de)	['zwartə bɛs]	cassis (m)
zwarte koffie (de)	['zwartə 'kɔfi]	café (m) noir
zwarte peper (de)	['zwartə 'pepər]	poivre (m) noir
zwarte thee (de)	['zwartə tē]	thé (m) noir